器と暮らす

中川ちえ

アノニマ・スタジオ

autumn

お気に入りの器がある暮らしって、
楽しい。

器と暮らす
もくじ

居候の器

今住んでいる場所は築四十年は経とうとしている古いマンションで、もともと夫が住んでいたところに私が後から引っ越してきた。五年前のことだ。夫は自宅でコーヒー焙煎の仕事をしているので、一室は大きな焙煎機で占められている。冷暖房つきの部屋は住人よりも待遇がいい。他の部屋も趣味のＪＡＺＺのレコードやＣＤ、オーディオ類の位置がしっかりと決まっていた。ある程度暮らしができ上がった中にポンとやって来たものだから新しく家具を買い揃えることもしなかったし、私の荷物の行き場もなく、何となく居候のような気分がなかなか抜けない。ならば一気にエイッと、家の中を自分の好みに変えてしまえば良かったのだろうけど、動かしようのないものが多くを占めていて、どうにもこうにも難しい。だからといってあきらめてそのまま暮らしていたわけでもなく、私も私で負けじと、ちまちましたものでごまかしながら、家の中に自分色のものを浸透させていった。今ではレコード棚の上にガラクタのような古道具を置いたり、買ってきたばかりの器をしばらく飾ってみたり、焙煎機のある部屋には豆類や調味料を並べるための小さな棚を作るなどしてぼちぼちと楽しんでいる。

器も夫が持っていたものが案外とあったから、私の持っていた器もしばらくは食器棚の中で居候の顔をしていた。ただ他のものとくらべて、器は「使う」ことで暮らしに素早く馴染んでいった。それまで毎日のように重宝していたお皿が一枚では用が足りなくなったり、人が大勢集まるときぐらいにしかなかなか出番のなかった大皿が活躍する機会が増えたりなど。日々の生活の中で、私の器、夫の器という線引きはどんどんなくなり、ただ単によく使う器、使わない器があるだけになった。

そもそも夫の器というのももとをたどると、金沢に住む器好きの義母が選んだものだ。石川県は九谷焼の発祥地ということもあって、土ものよりも磁器が多く、楕円の形をした染付の湯飲みや蛸唐草のそば猪口、大胆な絵付けの大皿など……。古道具も好きで、中には古いものもある。

金沢に里帰りをしたとき、夫の実家の食器棚に並ぶ色々な器を、食事をしながらつい眺めてしまう。人の家の本棚を見るのが楽しいように、食器棚を見ているとその家の食卓の風景が目に浮かんでくる。緑茶を入れるときに使う湯冷ましや小さな漆のお盆、灰皿がわりに使っている手あぶりは古い九谷焼のものじゃないだろうか。普段の生活で自然に使われている様子は、どれもいい感じに使い込まれていて、暮らしに馴染んでいる。ひとつひとつは違うものなのに、そこには好みがしっかりと表れている。

私がひとり暮らしをしていた頃は、磁器といえば業務用の白い洋食器で、和の器はほとんどが土もの。磁器は印判の豆皿などがせいぜいだった。それが結婚し、自分が選んだ器以外の器を使うようになってからは、自分が「これ」と決めたもののほかにも目が向くようになった。視界が広がったような感じだ。最初は自分が持っていなかった大きさの鉢やお皿を何となく使っていたのだけれど、使い込んでいくうちにだんだん愛着がわいてくるから不思議だ。

自分が選んだ器の間にスッと違う顔をした器が入ってくると、最初はちょっとした違和感があっても、そのうち単調だったリズムにアクセントを加えてくれるような感じがしてくる。もちろん食器棚の中に初めからあった器を、すべて上手に使いこなすことができたわけではない。けれど、もともとの好みに大きな開きがあったら、こうはならなかったわけだから、つくづく義母には感謝している。

この何年か食わず嫌いはしないようにと心がけている。それは何でも受け入れようとか、たくさんのものを手に入れたいとか、そういう意味ではない。食べ物にたとえるなら、初めから駄目なものもあるし、大丈夫と思って飲み込んでみたら、あわててはき出すようなこともたまにはある。ただ苦手と決めつけてすべてを遮断してしまうと、本当の美味しさを知らずに過ごしてしまう気がする。料理の仕方を変えるだけで食べられるようになるものは意外と多いし、それで美味しいと思えるものが増えたらそれまで知らなかった組みあわせも楽しめるようになる。

器だって同じじゃないだろうか。自分の好みじゃないと思っていた器も使ううちに馴染んでいって、それが自分の暮らしの一部になっていく。そのことがふたりの生活の中でわかってきたように思う。

いつもの器

朝食にグレープフルーツを食べると身体にいいと聞いて、三日坊主のこの私が今のところほぼ毎日食べている。何がいいかといえば、どうやら基礎代謝力を高める作用があるとかで、さらにはコーヒーも組みあわせるといいらしい。コーヒーは豆さえあれば（焙煎屋でも豆がなくなるときもある）毎朝飲んでいる。だからいつものちょっとした食事にグレープフルーツを加えただけ。特別無理をしているわけでもないから続いているのだと思う。もともとコーヒーもグレープフルーツ（特にピンク）も好きなのだ。ただこのふたつ、口の中であわさると、どうもイガイガとケンカしているように感じてしまう。そんなわけで食事中はスープやお茶などにして、ひと通り片付けが終わってからコーヒーというのが最近の朝のお気に入りコースだ。ずいぶんとゆったり優雅に聞こえるかもしれないけれど、午前中の主婦業はこれで結構忙しい。パタパタと動きまわる合間の、ほんのささやかなひとときなのだ。

コーヒーの器はこれと決めているわけでもなく、その日の気分で変えている。手触りがやさしい陶器を選ぶこともあれば、すっきりとした口あたりの白磁や染付のそば猪口を使うこともある。あくまでも自分のための一杯だけど、同じ器でも木のトレーを使ってみたり、新しく買ったばかりの麻のクロスを敷いてみるだけでも気分が変わる。

お気に入りの器をあれこれ使っていても、鳥が古巣へ帰るように、結局戻るのが岩田圭介さんの「ころ碗」だ。考えてみたら器というものにズルズルと引き込まれるように興味を持ったのも、ひょっとしたらこの器が始まりかもしれない。もちろんそれまでも好きで器を買ったりしていたし、一時期陶芸教室へ通っていたこともあった。

でもその頃は、ものを手にしたことで満足していたようなところがあった。使い道を考えずに買った陶器のキャニスターは、結局中味は空のまま飾るだけだったり、気に入って選んだはずのマグカップが家の中で浮いてしまったり。自分の暮らしの一部として使い込むというよりは、それぞれポツンポツンと単体でいるような、しっくりとまとまらない感じ。ものと生活が結びついていなかったのかもしれない。

暮らすということをほんの少しずつでも意識するようになったのが、ひとり暮らしをするようになった頃からだ。といっても小学生の標語のように「ごはんをちゃんと作って食べよう」とか「一輪でもいいから花を生けよう」とか、難しいことはひとつもなく、ごくごく単純なこと。

「ころ碗」を初めて見たときに「ああ、この器でコーヒーを飲んだら美味しいだろうなぁ」という思いが頭にフッと浮かんだ。そう思いながら、手に取っては棚に置き、を何度か繰り返していた。確かそのときはすぐに買わずに日をあらためて、落ち着いてから出直し

朝食後だというのに、コーヒーを飲むと甘いものがつい欲しくなってしまう。

た記憶がある。それは迷っていたわけではなく、焦って買うものではないと思ったのだ。自分なりに慎重にものを選ぼうとしたのだと思う。今でも衝動的に即決してものを買うこともある。けれど二十代前半の頃とは違って、自分の生活に必要なものがわかってきたからか、失敗は少なくなった気がする。

この器、選んだときはさらりとした手触りの気持ち良さとか、両手の中ですっぽり収まる加減が良くて手に取った。もちろん、コーヒーに似合うと感じたことも理由のひとつだ。使っていてしみじみ思うことは、ころんとした形が、肩に力が入っていないというか、いい具合に抜けた感じがあってホッとする。子供の落書きのように刻まれた遊び心のある絵は、奇をてらった様子はなく余裕すら感じる。お陰でコーヒーの時間をたっぷりと豊かな気分で過ごすことができる。最初はうっすらときれいなクリーム色だったのが、今ではコーヒーのせいか、色が入って少し大人の顔をしている。これを良しとするかは人それぞれとして、私は変化していく様子も含めて、今もこの器を気に入って使っている。

ある日、鍋にほんの少し残っていたひじきの五目煮を、夫がごそっとこの器によそった。夫にしてみればたまたま取り出しやすい場所にあったから使ったにすぎないのだろう。けれど、コーヒー以外でもせいぜいお茶を飲むのにしか使っていない器だ。「人が大事にしている器になんてことを！」と一瞬、カチンときた。そう思ったものの、残り物のひじきがちょっと美味しそうに見えて、そんな思いもどこかへ行ってしまった。単純なものだ。使い方を限定してしまうこともなかったかなぁと、目からウロコの出来事だった。

器は道具として使ってこそだとつくづく思う。もしかしてひじきの煮物のように他にふさわしい使い方もあるかもしれないけれど、私はこれをコーヒーの器としてとことん使ってみようと思っている。矛盾するようだけど、ひとつの用途の道具として使い込む器があってもいいんじゃないかと。

「お気に入り」の器と聞かれると、ひとつを選ぶのはなかなか難しいけれど、「いつもの」と聞かれれば迷わずこれを選ぶ。私の中ではちょっと特別な器になっている。

初めて会った色の器

昔の北欧の器には、どこか日本を思わせるものがある。北欧に旅行で訪れて、ミュージアムやアンティークショップであちらの器を見かけたときに、そんな風に思ったことがある。「これ」と限定する何かがあるわけではないけれど、質感だったり釉薬の色味だったり、あえて挙げるならベルント・フリーベリの器もそのひとつかもしれない。

原宿にある雑貨店「CINQ」で北欧のものたちに囲まれて、あまりにも違和感なく馴染んでいる和の器を初めて見たときに、北欧の旅先でのことを思い出した。和の要素の中に洋の空気を感じる。

それが吉村和美さんの器の第一印象だった。

普段、白や黒の器を目にすることが多い中、ターコイズブルーやスモーキィなピンクは新鮮で、どんな食べ物を組みあわせようか考えてしまった。でも困るという思いではなく、想像するのが楽しくなってくるのだ。

「CINQ」の保里享子さんから、吉村さんと益子の陶器市で会ったことや、男性だということも聞いていたはずなのに、どこでそうなったのか私のとんだ思い違いで、しばらく女性の方だと思い込んでいた。そして何の根拠もなく「いつか会えるんじゃないかなあ」などということも勝手に思っていた。私のこの何の根拠もない思いは、稀に現実になることがある。そして実際吉村さんともお会いすることになり、その後も何かと縁があって、ごはんを一緒に食べに行ったりしている。図々しいかもしれないけれど、昔から友達のような気がしてしまう。吉村さんも食べることや飲むこと、人が集まる場所がどうやら好きらしい。食べることが好きな人が作る器は、きっと使い勝手も良いはずだ。

工房にお邪魔したある日。

「できたばかりのお店で、僕の器を置いてくれているお店が近くにあるんですけど行ってみます？」

「もちろん、もちろん」

吉村さんが車でつくばの街を案内してくれた。連れて行ってくれたギャラリー&カフェ「Singoster LIVING」のオーナーの奥さまは、偶然にも以前お会いしたことのある方だった。そのときは店を始めることなど聞いていなかったから、突然の再会は思いがけないことで驚いたが、嬉しかった。

お店は農家の古い蔵を改装した建物で、太く立派な梁など、もともとの良い部分はそのまま生かされている。一階には北欧の家具や雑貨とともに、日本の古道具や作家ものの陶器、ガラス、フェルト作品などが置いてあり、二階はカフェになっている。少しかがむようにして階段を上がるカフェは、おそらくもとは屋根裏部屋で、こぢんまりしたスペースが隠れ家のようでかえって落ち着く。コーヒー片手に本など読んでいたら、あっという間に時間が過ぎてしまいそうだ。

吉村さんの器もこの店では背の高い花器や大皿などがあって、また違う一面を見せてもらったような気がした。「CINQ」で見る吉村さんの器は、オリジナルの器や取り入れやすい小ぶりの器が多い。それぞれの店の個性によって扱うものが違うというのは、出かける楽しみが増えるようで嬉しい。

吉村さんの器は、ひと目見て吉村さんの器だとすぐわかる存在感があるのに、不思議と他とケンカせず、スッと親しくなっているように見える。その様子は人が集まった中で、楽しそうにごはんを食べたりお酒を飲んだりしている吉村さんご本人と、どこかだぶるのだった。

ブドウ棚の下で

「家の庭先を工房にしているんです」。そう聞いて、どんな工房なのかと興味がわいた。

　吉村さんのお住まいは茨城県のつくば市にある。東京から電車で向かう路線は、私の千葉の実家に行くのと途中まで一緒だった。車窓から見えるのんびりした景色もどことなく似ていて、実家に帰るような気分になってくる。つくばといえば、つくば学園都市ができたばかりの頃に行ったきりだった。何年かぶりに訪れた街は、きれいな家が建ち並ぶ新興住宅地になっていた。かといって、きつきつに密集することなく緑も豊かなままで、街並みもゆったりとしている。その住宅街の一角にある吉村さんのお宅にお邪魔した。

　庭先にある工房と聞いて、何となく薄暗く陰った室内を想像していたのだけれど、鉄骨を組んでその上からビニールのシートを張ったという手作りの工房には、明るい光が差し込んでいた。鉄骨を組んだ場所が、ちょうどブドウ棚になっていた。立派なブドウは吉村さんが中学生の頃に蒔いた種が育ったものらしい。成形され乾燥中の器や焼き上がった器が、シートを通したやわらかい日の光に照らされて並んでいる。頭上になるブドウそのもののような渋くくすんだ紫色、古い土壁の粉を含んだようなベージュ、それらがフォルムとの組みあわせによって印象を変えている。自然の光の下で見ていたら、植物や果物、水、土、ガラス、石など、どれも身近にある色ということがすんなりと納得できる。釉薬が二層かけられたものは、下地の色と、上掛けの色が組みあわさって深みを増し、器にまた違った表情を与えている。

　器の色の話をしていたら、吉村さんが何やらたくさんのものが入った箱を抱えてきた。その箱の中には、小さなお猪口のような器がゴロゴロ入っていて、それぞれに小さく番号が書いてある。どうやらそれは釉薬の色の調合を実験した、言ってみればオリジナルの色見本帳のようなものらしい。ただでさえちまちましたものが好きな私は、それを見ただけでもわけもわからずワクワクしてしまう。吉村さんも、まるで自慢のおもちゃを見せてくれる少年のように（失礼！）楽しそうだ。バサッと開いて見せてくれたファイルには、色の配合などのデータが細かく書き込まれていて、数字がびっしりと並んだ様子は理科の授業の実験ノートのようだった。

小さな頃から絵を描くことが好きで、大学で油絵を専攻したという吉村さんは、絵とは違う道を選んだ。大学を卒業し、益子で陶芸の仕事をした三年後に独立をして、今は自分の器作りをしている。焼くことによって色や質感が変わる陶芸のおもしろさと、絵が好きで描いていた頃の楽しさはどこか似ているかもしれないと話してくれた。街を歩いていても、洋服の色や建物の壁の色が気になったり、博物館で古い掛け軸の質感にハッとすることがあるという。やはりどこか絵としてものを捉えているのだろうか。

灯油窯の中には、線刻がほどこされた器や大きな鉢、皿、ふたものなど焼成を待つ器がきっちり並べられていた。焼く前の状態ではグレー味がかった白と赤土のような二色の器が、吉村さんが思い描いた色へと変化していく。鉄分が入った赤のほうはグレーに焼き上がるそうだ。焼き終えた窯の扉を開けるときは、楽しみな気持ちと同時に、一番緊張する瞬間でもあると吉村さんは話していた。

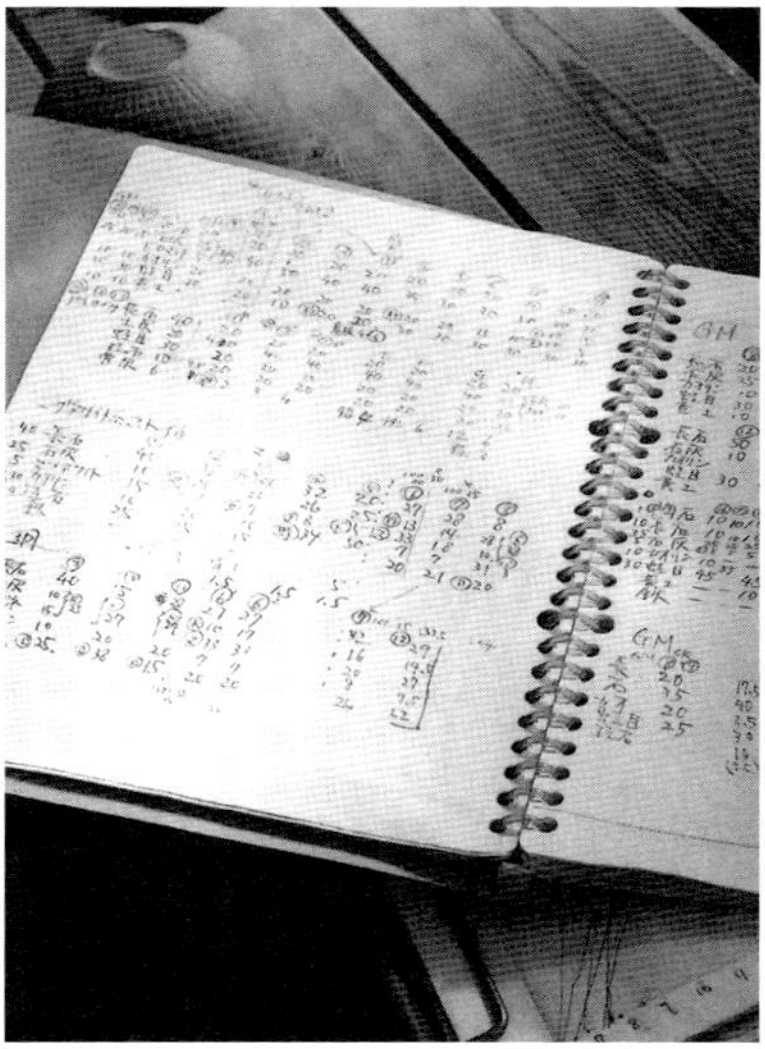

数字がびっしりと並んだ吉村さんの
制作記録ノート。

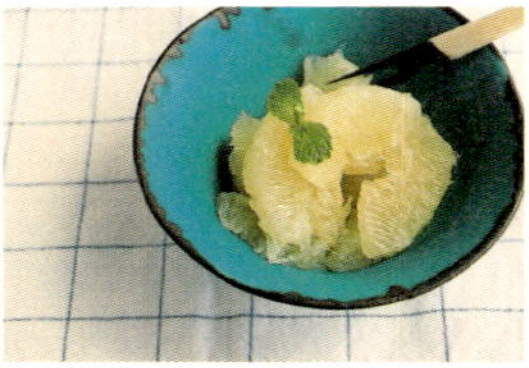

ターコイズブルーの小鉢

工房を訪れた際に「これは吉祥寺にできるお料理屋さん用に作っている器なんです」と吉村さんから聞いていて、その店ができたら行ってみようとずっと思っていた。家庭料理ではなく、プロの料理人の方が作る料理が、吉村さんの器にどう盛り付けられるのかまだ見ぬ前から楽しみにしていた。

たまたま吉祥寺に行く用事があって、友人と「横尾」というその店に行ってみた。てっきり色々な器と組みあわせて使われているのだとばかり思っていたら、箸置きから、お皿、小鉢、コップ……すべて吉村さんの器が使われていることに驚いた。あらかじめ知っていて行ったことを抜きにしても、そこで見るものたちは今まで目にしたことのないタイプばかりなのに、ちゃんと吉村さんの器の顔をしている。

それぞれの色の器がどう使われるのか楽しみで（もちろんお腹も空いていたので）、何品かを一気に注文する。水ナスを切って塩を添えたサラダや、比内地鶏の唐揚げ、鰹のお刺身……美味しい料理をしっかり記憶しているのは、器が本来の役目を果たしていたからではないだろうか。ターコイズブルーは箸置きなどで小さく使って、間接照明の店内で程よくアクセントになっていた。

店で見たブルーの印象が忘れられず、その後ずっと気になって、ある日吉村さんに聞いたことがある。

「吉村さんだったらあのブルーに何を盛り付ける？」と。

「イタリアンのシェフがイタリア料理にブルーがあうと言って買ってくれたことがあるんですよ。構えず使ってもらえたらと思っているんです」

ブルーにトマトの赤やレモンの黄色という組みあわせは、ヨーロッパ的で確かにきれいかもしれない。考えているうちに頭の中では収まりきらず、自分でどうしても試してみたくなって、ブルーの小鉢を選んで買うことにした。私にしてみたら大冒険の色なのだ。家の食器棚を見渡してみても、この類の色はない。ブルーといっても染付のそれとは違う。濃淡や質感の違いはあっても、やはり白に近い色の器が多く、他には黒の器や土色、漆の赤などが加わる程度で、目を引くような鮮やかな色はない。

「実家の食器棚はやっぱり白の器が多いですよ。そこに色を添えてみたいという思いもあって」。そう吉村さんが言っていた。

思い切って選んだ色のお陰で、使うたびに発見が多い。オリーブオイルでつやつやかになったトマトのマリネが、マットなブルーに映えてとてもきれいに見える。デザートに皮をむいたオレンジを盛り付けても、パキッとした夏のような色の取りあわせがさわやかだ。フルフルの絹ごし豆腐の白を持ってきても、潔くて気持ちいい。玄関に花器として置くこともある。青味を含んだピンクの芍薬との組みあわせは、どこかアジアの空気が漂う。そうやってテーブルの上や部屋のあちこちで、今まで家になかった色を試している。工房で見た吉村さんの色の実験に、ちょっと影響されたのかもしれない。

玄関は圧迫感を与えたくないから、花は小さく生けるのが好き。

乾燥中の入れ子式のボウル。収縮率や色を揃えるのは難しいらしい。

釉薬を二度がけすることによって、
あらたな色が生まれる。

右上／吉村さんが自身の器でコーヒーを入れてくれた。　左上／古いろくろ。工房全体に日の光が差し込んでくる。　右下／釉薬を入れたバケツ。並んだ様子も何だかいい感じ。　左下／マットな釉薬はブドウそのもののような紫色。

シートを通したやわらかい光が器の色をきれいに映し出す。

玄米は噛みしめるごとに甘味を感じる。

あばたもえくぼ

コーヒーやお茶に使う器は気分で選んでいる。家にお客さんが来ても、特に来客用にと用意しているものもないので、普段使っている器でお茶などを出している。揃いでなければいけないとも思っていないので、気の置けない友人なら、バラバラの器の中から好きなものを選んでもらったりもする。他の器にしてみても使う人を限定していないし、ましてや自分専用にしているものはない。「ない」と言い切ったものの、めし碗だけは違う。私用のものを決めている。

めし碗の使い方も、食事にあわせて使い分けたら食卓に変化ができて楽しいだろうにと思う。白米は下ろしたての真っ白なシャツのような白磁にしてみようとか、炊き込みごはんはほっくりと包み込んでくれそうな、やさしい粉引のめし碗が似合うだろうとか。炊き立てのごはんから立ち昇るホワッとした湯気。大好きなごはんを色なめし碗で味わうことで、どれだけ豊かな気持ちになれるか、考えるだけでもしあわせになれる。楽しい食卓の風景を簡単に想像もできるし、それ以外の器を自由に選んで使っていることを思えば、自然な気がする。それでも私はひとつのめし碗を自分の器として使い続けている。

実家ではお皿は家族みんなで揃いのものを使っていたのに、めし碗だけはバラバラだった。私が物心ついたときから父用、母用、兄用、祖母用とそれぞれ決まっていた。それらはどこにでも売られているような量産品だったけれど、銘々違うものを母が選んでいた。幼い頃の私のめし碗は、プラスチックでできていた。それが成長にあわせて陶器のめし碗に変わったときには、急に大人の仲間入りをしたようで嬉しかったのを覚えている。自分用に与えられためし碗をずっと使い続けることが当たり前だったから、使い分けて楽しむということがしばらく頭になかったのだ。

今使っているめし碗は、原宿の同潤会アパートにあった「ファーマーズテーブル」で購入した長谷川奈津さんのものだ。私が通っていた当時から同潤会アパートはすでに老朽化が進んでいたけれど、それでもあの薄暗い階段を上るたびにワクワクしたものだ。当時「ここに住みたい!」と半分本気で思っていたくらいだった。

「ファーマーズテーブル」には、ガラスの器や花器がいつも窓辺に置かれていて、窓から差し込む光がガラスを通してきれいに感じられたことを思い出す。新緑の季節になると、表参道の並木道が一斉に青々とした葉で覆われて、その深い緑の道をあの窓から眺めるのが好きだった。

めし碗はひとり暮らしを始める自分への贈り物として選んだ。他にも揃えなければならないものはたくさんあったけれど、その中でもめし碗は「食」とともに日々を積み重ねていく新生活の、象徴のような気がしたからだ。手のひらにも収まりが良く軽い。何より手に伝わる土肌の感触がやさしい。鉄分や小さな石のプツプツが素朴さを与えて、やわらかな粉引の白を引き立てているさまも気に入って選んだのだと思う。ホッとするようなめし碗の姿は、ホカホカのごはんを口にしたときのしあわせな気持ちとも重なる。このめし碗と一緒に毎日ていねいに暮らしていこうと決めて、包装をしてもらった。

あの懐かしい同潤会アパートも今はなくなって、塀の向こうでは工事が進んでいる。一方遊歩道沿いに移転してしまった現在の「ファーマーズテーブル」は、並木道こそ見えないけれど、当時の空気を窓辺に差し込む光から感じ取ることができる。

今ほぼ毎日のように何気なく手にしているめし碗をあらためて見てみると、頭で思い描くよりもずいぶんと表情を変えていることに驚く。私が年齢を重ねてシミが少しずつ増えてきたように、よく働くこのめし碗にもシミが増えた。私のシミを褒める人はまずいないとしても、私にとってこのめし碗のシミは「あばたもえくぼ」なのだ。

カレーやパスタ、麺類などの日は、さすがに出番はないけれど、ごはんとおかずという組みあわせの日は、和に限らず洋だろうと中華だろうと、そっと寄り添うようにめし碗がそこにある。この先私のかたくなさが少しほぐれて、めし碗も色々と使い分けてみようかしらなどという浮気心が生まれるかもしれない。そんなことがほんの一瞬頭をかすめたけれど、今のところ私のめし碗はやっぱりこれだけ。

春の香りや心地よい食感を
楽しむように、筍ごはん。

清水焼団地の「陶器まつり」

「京都の夏は暑いよ」と、散々まわりに脅されていた。実際、これは脅しではないなと思うくらい本当に暑かった。気温がどうというよりは、光の強さが違うのだ。チリチリではなくヂリヂリと、太陽がすぐ近くで肌を照りつける。その年の夏は海でも山でもなく京都で日焼けをした。それでも世間では冷夏だと言われていたから、例年通りだったら私の肩と背中は大変なことになっていたかもしれない。

それは仕事で訪れた京都の「陶器まつり」でのこと。京都では年に一度、五条坂と清水焼団地の二箇所で大きな陶器市が行われる。

私は山科の清水焼団地のほうへ行った。清水焼と聞くと、華やかな絵付けがされた磁器を想像してしまう。普段そういうものは使わないので、初めて訪れる陶器市にワクワクしながらも、内心ではちょっと不安に思っていた。

山の麓の通りに面して、たくさんのテントが連なっている。規模はそれほど大きくはないけれど、この暑さの中で歩きまわるには程よくコンパクトでかえって見やすい。業者らしき人たちに混ざり、学生のように若い人からご年配の作家の方々まで店を出していて、心配していた品揃えも、華やかな磁器の他にも白磁や陶器とさまざまでホッとした。

気になったものを手に取りながら、作家の方と直接気軽にやりとりができるのが市の魅力だと思う。外での開放された空気がそうさせるのか、気分が華やいで楽しくなってくる。とは言いつつ、帽子を被っていても肩のあたりがとにかく暑い。熱気を逃れるように入った建物の中で出会ったのが、黒のボウルと菊の絵付けがされた中鉢だ。市にはテントの店以外にも、もともと店舗として売り場を構えているところも点在している。そのうちの一軒が若手作家の作品を中心にした店だった。若手作家といってもそれがわかったのは後からのことで、入口には大皿やオブジェにもなりそうな大ぶりの立派な花器が置いてあった。市とは一線を隔したその雰囲気に少々身構えたものの、入ってみると使いやすそうな器がたくさんあり、どれも手頃な値段だ。作家の方々も店を手伝いながらその場にいるので、何かあればすぐに質問ができるのが嬉しい。

中鉢の作家の方には残念ながら会えなかったけれど、黒いボウルの作家、木下和美さんにお会いすることができた。ほぼ同年代くらいだろうか。陶器市や手作り市など市を中心に出展されているという女性だった。

同世代の方や自分よりも若い作家の方が頑張っているのを見ると、つい応援したくなってしまう。勝手なおせっかいおばさんの心境だ。だからといって悲しいかな、私にできることが特別あるわけもない。かえって「私も頑張らなければ」といつのまにかこちらが元気をもらっているくらい。今の私にできるのは手にした器を大事に使うということくらいだろうか。

ふたつの器は季節に関係なく年中使っているけれど、夏がやってくると京都のあの強い日差しを思い出して、色鮮やかで元気な夏野菜を豪快に盛り付けたくなる。真っ赤に熟れたトマトや、ツヤツヤと太ったナスを頬張りながら、山のほうからシャンシャンシャンと降るように鳴いていた蟬時雨を思い出した。

焼いたピーマン、ナスとキュウリの塩もみをそうめんと一緒に。夏の昼ごはん。

弘法さんで見つけたもの

早起きは三文の得。そう自分に言い聞かせ、骨董市や蚤の市へは早起きをして出かける。冬場は寒くて布団から抜け出すのがなかなかつらいけれど、夏はすっきりと起きることができて清々しい。空気もまだひんやりとしていて、ちょっといいことをしたような気になってくる。特にそれが旅先ともなれば、不思議と目覚めも良い。張り切って早起きをするわりには、どうしても欲しいものがあるわけでもないし、もしそこで気に入るものがなくて手ぶらだったとしても、別にがっかりすることもない。お祭りのような賑やかな中で、お店の人とちょっとした言葉を交わしたりしながら、あれこれものを眺めているのが好きなのだ。その雰囲気を味わうだけで、何となく満足しているところがある。

骨董市で何かを探してやろうなどと思って行くと、案外といいものが見つからない。「こんなものがあればいいなぁ」くらいの軽い気持ちで頭の中をフラットに、呑気に歩いているほうが思わぬものを（と言っても、人にはガラクタと思われるものが多いけど）見つける確率が高い気がする。

京都の弘法さんでもそうだった。東寺の骨董市は弘法大師の月命日に当たる毎月二十一日に行われている。そんなこともあって京都の人は「弘法さん」と呼んでいる。毎月通っているわけではないからわからないけれど、ジャンクというよりは骨董と呼ばれるようなものが多くを占めている、かっちりした印象だ。器も染付や印判のものが目立つ。そんな中、ちょっとおもしろい店があったので覗いてみると、赤やブルーのキッチュな雑貨や昭和初期のおもちゃに混ざって、ぼんやりとした肌色の器に私のアンテナが反応した。ピタッと目があうような感覚だ。

子豚のような肌色をしている器は、普段ならおそらく選びそうもない高杯だ。お店の人が言うには、京都粟田口界隈で焼かれていた粟田焼という焼き物だそうだ。白で南天のような実が描かれている。やわらかい土の感じも、素朴な絵付けの雰囲気も気に入った。きっとお皿だったら即決していたかもしれない。いや、素朴さと高杯という組みあわせが良かったのかもしれない。少し迷ったけれど、結局その場では決めかねた。もう一周して残っていたら家に連れて帰ろうと決めて、他を見てみることにした。

境内には骨董のお店に混ざって植木や肌着を売る露店も並んでいる。おばあさんが木枠のガラスケースに何かを入れて売っている。覗いてみると鯖鮨で、この真夏に大丈夫なんだろうかと思いながら、笑顔で売るおばあさんにつられてこちらも笑ってしまう。五重の塔を横目で見上げながら本堂にお参りを済ませて、また例の器のところへ戻ってみると、まだ肌色の姿が磁器の器の合間に覗いて見える。これも縁かと結局買うことにして、人が増えてくる九時過ぎには弘法さんを後にした。

友人の料理家内田真美さんに教わった干しイチジクとクリームチーズの組みあわせ。
ワインのおつまみに。

迷ってそれでも連れて帰ったのならとことん使えば良いのに、東京に戻ってみると、夫とふたりの食事で高杯は、何となくかしこってしまうようで出番も少ない。この器にふさわしい使い方を考えあぐねているのだ。使わない器を棚の中に寝かせておくのはよくないと思いつつ、手放すにはこの器はまだ惜しいと欲も出てしまう。「こんなこともあるよなあ」と簡単に済ませては使い捨てのようで器に悪い。窯元がなくなっても形を残したこの器をあれこれと使って、どんどんお披露目の機会をつくってあげなければ。高杯が食器棚の中で出番を待っている。目に付くところにしまって、いつでも出せるように準備は整えている。

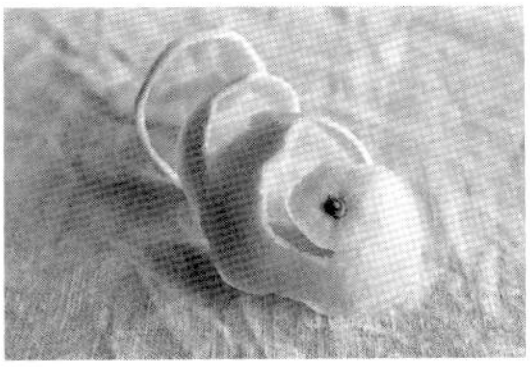

ひとつ八〇〇円也

茶色の小鉢、ひとつ八〇〇円。三つ買ったとしても二四〇〇円。しかもキズがあっても良ければ、ひとつおまけであげるとまで店主は言ってくれた。キズといっても気にするほどのものでもない。いつもの私なら、何の躊躇もなく三つ買い、遠慮なくキズのもうひとつもいただいて喜んでいたところなんだけれども……。

そのときばかりはどういうわけだかキュ、キュ、キューッとお財布の紐が固くなってしまった。固くなってしまった紐は、ほどこうにもほどくことができず、頭の中の買い物モードもそこで終了した。ああ、今思い出すだけでも何をやっていたんだろうかと、悔やまれ

ひとりでこっそり夏のデザートを食べるときに。

てならない。

あれは京都取材の最終日だった。それまでもさんざん京みやげを買い、最後の締めにと、錦市場で出汁巻き卵、おじゃこ、お漬物やらを手にして満足していた。その後に訪れたのが姉小路通にある「Antique Bell」だ。町屋の造りをそのまま生かした店内には、幕末から昭和初期にかけての器や家具が並ぶ。格子戸越しの光がやさしい空間に、どこかモダンな空気が漂う和のものが自然に並んでいる。染付や印判の器に混ざって、チョコレートのような艶のある無地の小鉢が私の目に新鮮に映った。店主の話によると、どうやら大正時代の器らしい。「これでバニラのアイスクリームを食べたらさぞかし美味しいだろうな」という想像がすぐに浮かんだ。ヨーグルトの白ではなく、バニラのクリーム色がよく似合うだろうと思ったのだ。けれど選んだのはひとつだけ。三つ、いや四つあったとしてもきっと使っていただろうに。でもそのときは、満腹でもう何も食べられないときみたいに、錦市場での買い物が無意識にここでブレーキをかけてしまったのだ。

東京の家に帰って荷を解き、ホッとひと息ついたのも束の間、後悔が始まった。「何でひとつだけにしたのだろう」と。

往生際の悪い私はその翌日、「Bell」に電話をしてみた。すると「あの器はあの後、すぐに売れてしまったんですよ」との返事。そうでないことを願っていたけれど、電話の向こうからは予想していた答えが返ってきた。

後悔先に立たずとはこのことだ。そう思う一方で、同じようにこの器を気に入って買った誰かが、どこかで大事に使っていれば、それはそれで良かったとも思っている。

日々の食卓でこの小鉢はよく登場する。艶のある釉薬も、時間を経ているからだろうか、他の器の中で浮いてしまうことなくしっとりと落ち着いている。見る人が見たら安物かもしれないけれど、私にとっては毎日のように重宝する良い器なのだ。和でも洋でも、漬物でもデザートでも、何でもすんなりと受け止めてくれる。

ものとの関わりは、なんだか人との縁と似ている。出会いも大切にしなければとも思う。多分、量産品だったであろうものだから、縁があったらいつかまたどこかで、バッタリと会えるかもしれない。そのときは迷うことなく数を揃えるのだけれど。今はこの小鉢を使いながら、そんなときがやってくるのを気長に待ってみることにしよう。

小さな器と小さな花

青山にある「うつわ楓」で手塩皿を買った。

普段から比較的小さなものに手が伸びることが多いけれど、このお店では特にそうなる。魚の形をした箸置き、豆皿、カップ……。もちろん大きな器も置いてある。なのにここでは、小さなものたちがすっくと立っているような様子に、ついつい惹かれてしまうのだ。

その手塩皿は雰囲気が気に入ったのと、前から欲しいと思っていた大きさにちょうど良かったので迷うことなくすぐ決めた。お会計を待つ間、何の気なしに壁にかかった花器に目をやると、ドクダミが一輪生けてある。その凛とした姿が何とも清らかでかわいらしい。

浅草「舟和」のあんこ玉。カラフルな色も、やさしい白の上でしっとり落ち着く。

ドクダミといえば、その名前と独特の香りの印象が強くて、生けるということは考えもしなかった。

「ドクダミもこうして生けるときれいですね」。言葉がスルリと口をついて出た。

するとオーナーの島田洋子さんが「お店のすぐ目の前で咲いていたのを摘んできたんですよ」と外を指差した。

「友達はこれで化粧水を作るんです」と私。

「冷蔵庫の中に入れると消臭にもなるようですよ」と島田さんが教えてくれた。

何てことはない会話のはずなのに、日陰に咲く小さな野の花が取り持ってくれたやりとりが、そのとき買った小さな器の印象と重なって、今も梅雨の頃になると思い出す。

実家の庭でも季節になるとこの白い花が一斉に咲き始める。でも「きれいだな」などと思っている間もなくどんどん増えるからさっさと刈られてしまうし、そこに住んでいる頃はそのことを気にも留めていなかった。どちらかというと「ドクダミめ！」といった心持ちで家族から疎まれる存在だった。それが今ではその花に季節を感じたり、歩みを緩めることもある。

実家のあたりは観光する場所があるわけでもないし、これといった名産品があるわけでもない。のどかということだけが取り柄のような何でもないところ。家から十分ほど歩くと大きな川が流れる土手に出る。スカーンと空が広がって、草の匂いがする。天気のいい日はヒバリなんかがピチクリピチクリ喋るように鳴いている。春には私の大好きな水色のイヌフグリの小さな花が庭のあちこちに咲いて土筆も顔を出す。生まれたときから当たり前のように身のまわりにあったそんな風景を意識するようになったのは、そこを離れてからだ。しかもそれをいいなと素直に思えるようになったのは、ここ最近のこと。

今住んでいる東京の家のまわりでは、土の上を歩くことはほとんどない。空も何だか小さい。でもそうやってないことばかりメソメソと考えていると、気持ちが縮こまってしまう。ちゃんと気付いてあげようとしていると、小さくてもわずかでも季節はやってきて、街中でもそれを知らせてくれる。いつもの通り道にはハナミズキの並木道があって、春先になるとはにかむように新芽が顔を出す。あっという間に若葉が生い茂ったかと思うと、今度はポンと音を立てるように白やピンクの花が咲き始める。そういえば青山をフラフラと歩いていたとき、空き地でイヌフグリを見かけたことがある。空き地自体が東京ではめずらしくなってしまったけど。

当たり前と思っていた日常から、ちょっと離れてみるといろんなことに気付かされる。

器もいつもの使い方を少し変えてみるだけで、新鮮な風を吹き込んでくれる。友達の家で食事をご馳走になったりすると、器とのつきあい方に「なるほど」と思うこともよくある。自分の考えだけだと、ついつい同じような使い方になってしまいがちだ。

「楓」で見かけた器使いは、私に暮らしのヒントを与えてくれた。梅雨が近づいて十字の形をした白い花を見つけたら、ちょっと生けてみようと思う。

作り手の手

カラリと乾いた空気がさわやかな秋晴れの日、井山三希子さんの工房にお邪魔した。都心から電車に乗って九十分ほどだというのに、車窓の外はあっという間に緑豊かな山々が見える景色へと変わる。思い思いの色のリュックを背負った年配の人たちが、途中の相模湖の駅で降りていった。

井山さんの工房は二階建ての古い一軒家で、住居も兼ねている。玄関の上がりかまちや廊下を歩くときにきしむ床の音。古い木の匂い。廊下の突き当たりのシーンと薄暗い陰影などは、祖母が暮らしていた家を思い出す。

懐かしい空気にひたひたと浸っていると、こっくりと照りのある栗の渋皮煮がテーブルに並べられて、井山さんが抹茶を点ててくれた。ストイックなほどに薄く白い器に抹茶の細かな泡がきれいに映える。白のリムが広い皿の中心に、栗がぽてりと置かれた様子も美しかった。どちらも井山さんが作った器ではなく、抹茶の器は黒田泰三さんの、栗の皿は安藤雅信さんのものだ。

「普段は自分の器よりも他の作家さんの作品や古いものを使うことが多いんですよ」。井山さんがクスッと笑いながら話す。

米軍基地近くで購入したという古い棚には、ガラスの扉を通してさまざまな器が積み上げられているのが見えた。さまざまといっても統一されたトーンがある。けれどそれは、色や質感と単純にひと言では言い切れない。部屋の中を見まわすと、ヨーロッパの古いチエストの一部がオブジエのように壁に飾ってあったり、中国の錆びた古い茶器が棚の上にぽつんと置かれている。そうかと思えば、中学生の頃から使っていたという椅子や、拾ってきた棚もある。どれも違うところからやってきて、一見バラバラとも思えるものが、井山さんが積み重ねた暮らしの色に染まって、ひとつの空気をつくっている。ものが暮らしに馴染んでいくというのは、こういうことをいうのだろう。

朝七時に起床し、毎日仕事場に立つ。朝、昼、晩と食事を作って自宅で食べる。言葉にしたら簡単なことだけれど、ひとつひとつを大切にていねいに重ねていく毎日は、強い意志がないとなかなか難しい。井山さんの暮らしの延長線上にあるものづくりの誠実な姿勢が、シンプルなスケジュールの中に詰まっているような気がした。

この日は思いがけず、手作りのお昼ごはんまでご馳走になってしまった。やわらかく煮た豚肩ロースのロールキャベツは、井山さんのオーバル皿に。カブと柚子の浅漬けは、土の力強さを感じる森岡成好さんの焼締の鉢。さりげない金接ぎが上品な内田鋼一さんの白い輪花鉢には、タコのマリネが色を添えている。シチューなども似合いそうな深さのあるイギリスの古い器の中には、炊き込みごはんのおむすびがしゃんと並んでいる。

「古い器はプロダクトとしていったん、世に出て使われているものだから、大きさや形が完成されていて制作の参考にもなるんです」

古いものを飾ってただ愛でるのではなく、器をひとつの道具として使っている井山さんは、使う側と作る側のどちらの立場からももののを捉えているのだ。そんな話を聞きながらの食事は、器ごと美味しくたっぷりと味わうような、贅沢な時間だった。

私はもの作りをしている方の手をついつい見てしまう。陶芸というと土を扱うし、力も要るだろうから、何となく頭では骨っぽい手を勝手に想像していた。けれども井山さんの手は、私が思い描いていた様子を気持ちよく裏切るように、小さくつやつやした指先がきれいだった。清らかとでも言ったら良いのだろうか。ピカピカときれいな手で作られたご馳走は、どれもやさしい味がした。

白の器と黒の器

白と黒、計算されたフォルム。井山さんの器の特徴をこうして文字にしてみると、非常にモダンで緊張感がある印象を受ける。けれどそれはほんの側面で、実際手にしてみるとどこかのんびりとしたやさしい表情をしている。

片口はきゅうっと鳥のくちばしのように細く尖った注ぎ口をしているのに、冷たい感じがまったくしない。全体のフォルムはユーモラスに見るなら鳥のキィウィを思わせる。お酒を注いだら、何やら語りかけてくれるのではないかと想像してしまう。そんなことを考えただけでも楽しくなって、お酒も進んでしまいそうだ。

普段の食事にも使いやすく、うちのお昼ごはんには井山さんの黒の角皿がよく登場する。時間がないとき、玉子焼きやトマト、蒸したブロッコリーなど、何てことはない簡単なおかずが黒の正方形の中でキュッとしまる。それは例えば同じおかずを、プラスチックのお弁当箱から秋田杉の曲げわっぱや漆のお重に変えたら違って見えるのと似ているかもしれない。レパートリーの少ない我が家のおかずは器に助けられている。

井山さんの器は石膏の型を使って成型している。「派手な色は好みではないし、暮らしの中にある身のまわりのものも落ち着いた色が多いから」と、最初は白のみを作っていたけれど、次第に白の対極にある黒も扱ってみたいと考えるようになったそうだ。色が白と黒と決まっているから器を作る際は自然と形から考える。まずはデザインをスケッチして、全体のフォルムを考えてからサイズを決めていく。それに従って土で原型を作り、まわりに石膏を流し固めてもととなる型を作る。

型は同じものを何度も作り出すことができる。「なるべく価格を抑えて、万が一割ってしまっても買い足すことができる、プロダクトとしての器を作りたいと思っているんです」と井山さんは言う。

ひとつしかないものというのも嬉しいけれど、もう一枚欲しいとき、使いやすいから誰かにプレゼントしたいと思い立ったときに心強い。プロダクトのようにといっても機械で作られる完全に画一化されたものとは違って、井山さんの器はひとつひとつに手の温かみを感じる。型から抜いたときに縁にできる「バリ」は、井山さんが様子を見ながら、水を含ませたスポンジを使って素早く落として滑らかにする。落とし具合によって残るシャープなラインも、全体のフォルムのバランスを左右するそうだ。

そういえば以前「うつわ楓」で行われた個展の際に私が選んだスープボウルも、縁を指でなぞるとエッジが効いている。確かにこのラインが丸みを帯びていたら甘い印象になって、ひょっとしたら選んでいなかったかもしれない。

今でも井山さんのもとには十年前に作っていた器の注文が入るそうだ。常に新しいものを作り出したいと思っていた時期もあったけれど、何年経っても必要とされることの有り難さや大切さを、この頃はしみじみと感じているという。

「自分が作る器が、お鍋やフライパンと同じ場所に並べてもらえたら嬉しいですね」

うちではカレーや煮込み料理のときに当たり前のように使っているル・クルーゼのお鍋。油が馴染んで黒さを増した鉄のフライパン。どちらもなくなったらちょっと困る。私には欠かせない道具になっている。器も同じように日常的な道具なんだということを、象徴しているような言葉だった。

井山さんが点ててくれた抹茶とこっくりとした味わいの栗の渋皮煮。

上／澄みきった秋空の向こうには
山々がくっきりと見えた。
下／井山さんの工房兼ご自宅。

右上／ご馳走になった昼食。　左上／陶器で作る積み木。色はもちろん白と黒。
右下／きれいに積み重なったスープボウル。　左下／積み上げられたさまざまな型から井山さんの器が作られる。

愛猫のごはんも井山さんの
オーバルの鉢に。

工房の一角で。使い込まれた道具の姿がいい雰囲気。

個展で買ったスープボウルに、この日は枝豆のポタージュを。

ふつうの器

西荻窪にある「魯山」から届く個展のお知らせには、店主の大嶌文彦さんの達筆な文字が必ず添えられている。届くタイミングも「そろそろ西荻に行こうかな」と思っている頃にスッと届いたりするので有難い。

スケジュールの都合上、どうしても行けないものが出てきてしまうのだけれど、色々なところから送って頂く葉書の中には、「気になるDM」というものがある。好きな作家の方や友人の個展の他に、写真が素敵だなとか、紙の手触りがいいなといったもので、お気に入りをスケジュール帳に挟んで持ち歩いている。持っていることが嬉しいというのもあるし、忘れっぽいので、そうしておかないと行けるはずだったのに行きそびれてしまったり、初めて行く場所の地図がわからなくなってしまったりするからだ。

ダイアリータイプのスケジュール帳には日記を書くかわりに、自分が行った個展のDMをペタペタと貼り付けている。そんなことをしているから、年が終わる頃にはクオバディスのスケジュール帳は膨れてしかも重くなる。同時に嬉しい重みでもある。もちろんその中に「魯山」からのDMも何枚か入っている。

以前「魯山」で白磁のそば猪口を買った。ある日その作家の伊藤聡信さんが二人展を行うというお知らせをいただいて、近くに住む友人と連れ立っていそいそと出かけた。

そば猪口というと染付を思い浮かべるし、ウチの食器棚の中にも九谷焼のものがいくつかある。たまに骨董屋などで白磁のきれいなものを見かけるけれど、私などが普段使いするには高価すぎる値段がついている。「買えない……」というのが単純に理由としてあるけれど、もし何かがあって今手にしたとしても、身の丈にあわないというか、さりげなく使うにはまだまだ自分が大人になりきれていない気がする。小心者の私はきっと飾るか大事にしまいこんでしまいそうだ。それは十年、二十年経ったから良しというような年月のことではなく、中味の問題なのだけど。

「魯山」で見つけた白磁のそば猪口は、飾り気のない普通のそば猪口だ。普通というと語弊があるかもしれない。決して中くらいとかそういった意味ではなく、私にとって良い意味で普通ということだ。

シンプルで使いやすく、突飛なところがない。それでいて大量生産されたものにはない温かみも感じられて日常的で……。私の考える「普通の条件」は大体こんなところだけれど、簡単にひと言では片付けられない。さらにはものによって大きさや質感などの条件も加わって、微妙に違ってくる。「普通が一番」などとよく言うけれど、そのストライクゾーンに入ってくるものはありそうでなかなかないのだ。

この器はお茶やヨーグルト、アイスクリームなど色々使いまわしているし、向付としてお惣菜を入れても良いと思う。ただウチでは

コーヒーに添えることが多い、金沢「諸江屋」の落雁。梅の形がかわいらしい。

コーヒーを入れることが一番多い。友達が来るとこれに豆皿を添えて、その上にチョコレートやドライフルーツ、小さな落雁などを載せて一緒に出している。

この器を使って、濃いめのトロッとしたコーヒーを出せるような店をいつかどこかでできたらいいな、なんてことを妄想している。それはすぐにどうのという話ではなくて、ずっとずっと先のこと。短髪で白髪のおばあちゃんが背筋をシャキッとさせて、ひとりでコーヒーを入れているというのもなかなか良いもんじゃないかなと思う。店構えは昭和三十年代の床屋のような雰囲気で清潔感があって、入口の扉は鉄枠の重い硝子の扉だったらもう言うことはないのだけれど。その頃にも普通の器として、このそば猪口がかたわらにあったらちょっと素敵なことだと思う。楽しい妄想はムクムクと広がるばかり。

自慢の居場所

ウチでは米軍放出品の棚が狭いリビングにデーンと構えている。カウンターがわりにもしているその棚は、我が家のスペースで見ると大きく感じるけれど、実際はそれほど収納力はない。その限られた棚の中に、どうにかこうにか器たちをしまっている。ただしまうことだけを考えていると、結局取り出しやすい位置にあるものしか使わなくなってしまう。だから順繰り万遍なく使えるように、積み重ねるときもせいぜい片手で持ち上げられる程度を心がけている。

困ったことに、ここに入りきらないものももちろんある。それらは一体どうするか。まったく使わなくなってしまったものはできる

違和感がある?　どうだろう。でも私はこの場所が気に入っている。

だけ潔く、フリーマーケットに出したり、欲しい人にあげるなどして循環させている。それ以外の絶対使うけど棚に入らないものは、部屋のところどころに居場所（置き場所）を作ってあげる。

そんな器たちの中で、常に良い位置をキープしているのが平清水の片口だ。洋書などを積み上げた上に、今は胡桃を入れて置いている。置き場所に困った挙句、とりあえずのつもりでそうしたのだけれど、これが案外と悪くない。そこにあるのが当たり前のように部屋に馴染ませてしまうと、訪問者にもさほど違和感を与えていないようだ（と、勝手に思い込んでいる）。使うときは中に入っているものをボウルに空けてサッと洗えば良いし、決して飾るためではなく、あくまでも使うためにそこに置いている。けれどポンと置かれた何てことはないその姿を美しく感じるのは、この片口に器として完成された力強さがあるからだと思う。

ウチではこの片口を本当に重宝している。果物を入れたり、豚の角煮や山芋とキュウリの梅和え、肉じゃがといった普通のおかずも、この器に盛り付けるといつもより美味しそうに見えてしまう。盛り付けるときに気取る必要がないところも気に入っている。料理の腕のなさを器でカバーしているという声も聞こえてきそうだけれど、「この器いいでしょう」と言わんばかりに、人が集まるときにもよく登場させている。そして使い終わるとまた本の上の定位置に戻す。中に何も入れなければ使うときに楽なのはわかっているけれど、胡桃の他にもレモンとか、何かしら入っていたほうがこの片口の良さが引き立つような気がして、いちいち「面倒かもなぁ」と思いながらもそうしている。

この片口は「魯山」でひと目惚れしたものだ。どの角度から見ても安定感があって、基本的でシンプルな形をしている。存在感はあるのに片手でも持ち上げられる少し小ぶりな大きさ（五寸ほど）もちょうどいい。

「これは平清水で作られた昔のものだよ」。店主の大嶌さんが教えてくれた。

「ヒラシミズ？」

地名ということはわかっても、どんな特徴があるのかそのときは知らなかった。

「勉強不足なので……」と言うと
「勉強なんかしなくてもいいんだよ」と言いながら色々と教えてくれる。平清水とは山形県にある歴史ある陶芸の里。この器は幕末の頃に作られたものだという。

この店へは器や古道具を見にというのがもちろんだけれど、大嶌さんの話が楽しみということも足を運ぶ理由のひとつである。

話の合間に入れてくれるお茶の器やポットは、いい感じに使い込まれている。壁には錆びたトタン板が立てかけられていたり、塗装を剥されたアラジンのストーブは、まるで最初からその姿であったかのように存在している。器だけがあるのではなく、空間全体の空気が一体となっているのだ。男性らしいし、ソフトかハードかと聞かれれば間違いなくハードな空間なのに、不思議と落ち着く。ひと言で「かっこいい」と言ってしまえば簡単だけれど、それではあまりにも言葉として安っぽい。ただ、他にしっくりくる言葉がどうも上手く思いつかない。そのかっこ良さはもちろん見た目だけのものではなくて、実のぎっしりつまっているという意味で。

初めて「魯山」を訪れた際に大嶌さんが話してくれたことを、忘れてしまわないように度々思い出すようにしている。

「使いづらければ使いやすいように直したり工夫すればいいいし、気に入らないところがあれば自分で手を加えてみればいい」

こうして文字にしてしまうと特別なことではないかもしれない。でも私にとっては溢れるようにものがあり、色々なことが便利になる中で、ついつい忘れてしまいがちになることをハタと気付かせてくれたひと言なのだ。

食器棚として使っている
米軍放出品の棚。

バナナの木がある場所で

コンピューターなどとは無縁な生活をしていた我が家ですら、現在はほぼ毎日のようにインターネットを利用している。沖縄だろうが、北海道だろうが、海外だろうが実際の距離や時間をぐーっと縮めて、身近に感じることができる。十年前では考えられないことだ。「sora potter's work」。沖縄で器作りをしている八木由美子さんのことを知ったのも、このサイトを見たことがきっかけだった。

パソコンの画面に映し出される白い器の向こうには、会ったことのない八木さんの暮らしぶりや行ったことのない南国の空気が、たおやかな沖縄の音楽のように漂っている。ぐんぐんと想像を膨らませてみるものの、パソコンの電源を落とすと同時にその世界は頭の中でしゃぼんの泡みたいに、パシャンと消えてしまう。

ものさしの世界では測れない大きさや、重み、手触り、色味、質感……。それらを実際に確かめてみたい。そして何より東京から移り住んだという八木さんに、会って話を聞いてみたかった。根がアナログにできているのか、その空気に触れてみなければ。そんな思いで八木さんの工房がある沖縄へ向かった。

東京から沖縄まで飛行機で二時間ほど。いつでも行こうと思えば行ける距離なのに、今までそうしなかったのはきっかけがなかったから。八木さんとその器に会いに行く。出かけるきっかけとしては十分な気がする。

沖縄本島を南北に結ぶ五十八号線という大きな通りを少し入ったところに、八木さんの住宅兼工房はある。坂道を切り出して作ったような階段を下ると、大通りとはうって変わったしんと静かな住宅地が広がる。そこに建つ白い壁のアメリカンハウス。緑に囲まれたその建物は、秘密のアトリエとでも呼びたくなるようなかわいらしいたたずまいをしていた。庭先では花々やハーブに混ざってバナナの木が大きく育ち、ノラ猫が無防備に昼寝をしている。建物の中に入ると高い天井と窓から差し込むやわらかい光に、気持ちがふうっ

白のコップとやちむん。ローズマリーのハーブティーをいただいた。

と開放されるようで心地いい。その空間で実際目にした器たちは、まるで陽だまりの中で丸まって眠る猫のように、気持ち良さそうに棚に並んでいた。ひとつひとつ確かめるように、その重みや質感を手で味わう。何度も手に取ったり置いてみたり。そうそうこの感覚。私が確かめてみたいと思っていたのはこれなのだ。器を選ぶときには、こうしてどう使うかをあれこれ考える時間がやはり好きなのだ。

八木さんの器は、ぽってりとした質感の白い器が多い。その白い器には、沖縄の強い日差しをピンと跳ね返すようなものはなく、むしろその光をやさしく受け止めるようなおおらかさがある。またそのほとんどは小ぶりのもので、気軽に使えそうな大きさだ。テーブルの大きさも気にせずに、料理も限定しない。毎日の食卓できっと出番が多い器になるだろう。「どうぞお好きなように」と、使い手にその用途を委ねてくれるフラットな印象がある。

ハーブティーの注がれた白い器を手にしてじーっと見ていると、「コップとしての器が欲しかったんです」と、八木さん。

マグカップでもなく、湯飲みでもないその器は、手にすると少し背が高い。けれど小さな私の手でもしっかりとつかむことができて、片手でも持ちやすい。まさにコップと呼ぶのが一番ピッタリとくる姿をしている。朝の起き抜けの一杯の水。冷蔵庫から取り出して注ぐ牛乳。バスルームで歯を磨くとき。どんなシチュエーションでも似合う。使ってこそ、その良さが浮き立ってくる感じだ。器から受けたフラットな印象は、このコップが象徴していると思った。

ところで八木さんが器作りの場所として沖縄を選んだ理由は何だろう？

「東京近郊でも探してみたけれど、自分にとってしっくりくる場所が見つからなかったんです。沖縄の島へはよくキャンプに来ていたし、飛行機に乗れば東京からすぐというこの適度な距離感もちょうどいいと思って」。そんな答えがさらりと返ってきた。

こちらも「なるほど、なるほど」などと簡単に納得してしまったが、すぐに思い直した。旅行で行くのと住むのとでは大きな違いがあるだろうし、不安なこともきっとあっただろう。心配性な私はついついそんなことまで考えてしまう。けれど八木さんの穏やかな表情を見ていたら、そんな質問は無意味な気がして、喉元まで出かかっていた言葉を呑み込んだ。

自宅できちんと食事を作り、その合間に器作りの作業を行う。たまには気晴らしに買い物に出掛けたり……。日々繰り返されるリズムの中に、もの作りの時間が生活の一部として自然に刻まれている。工程の中では、土をこねたり成形をしているときが一番好きだと話す八木さん。その理由を訊ねると「駄目だったらまたもとに戻してやり直せばいいし」と。そのペースが今の暮らしにちょうどしっくりとくるのかもしれない。東京にいた頃にはなかったであろうリズムを、八木さんは心から楽しんでいるに違いない。

「人にとって何が普通かは、人それぞれだと思うんです。だから自分にとって違和感なく、落ち着いて使える普通の器を作りたいと思っているんです」

八木さんの「普通の器」は暮らしに一番近い場所から日々作り出されている。

やちむんと白い器

目の前のテーブルには白のコップと一緒にお菓子を乗せた「やちむん」が並んでいる。その取りあわせが何とも新鮮で驚いてしまった。どちらかが突出しているのではなく、やちむんが白い器に華を添えて、お互いを引き立てている。決して派手ではなく、あくまでも自然に。それは八木さんのお人柄の印象とも重なった。

私も普段の食卓で、例えば白い器に染付の器、色の器、布などで色や柄を添えてみる。どれも大したことはしていないけれど、それでも限られた器の中で自分なりの組みあわせを楽しんでいる。ただその顔ぶれの中にやちむんにかわるようなものはない。自宅の食器棚や布が入ったかごの中を一生懸命グルグルと思い浮かべてみても、やっぱりない。やちむんというものが今まで身近にあったとしても、果たして自分の暮らしに取り入れていただろうか。見過ごしてしまっていたのではないだろうか。

「器というものをやちむんに教わっているんです」。八木さんがそう話す。

沖縄の言葉で「焼き物」を意味するやちむん。やちむんの存在は知っていたけれど、何となく民藝の器としてひとくくりに捉えていた。イメージで浮かんでくるものは、大胆に削って描かれた魚の絵付け皿、藍や紅の斑点模様など。けれど八木さんのお話を伺ってから手にとってじっくり器を見てみると、藍色の点ひとつとっても、作り手の個性がはっきり出ているのが感じられるようになり、おもしろくなってきた。器の種類もさまざまで、小さな古酒用のお猪口に、お砂糖を載せてコーヒーに添えたらかわいらしいのではと、想像しているだけでも楽しい。沖縄の赤土を使っているという土肌には温かみがあって、色が加わっても落ち着きがあり、その素朴さは日常的だ。実際、沖縄の街中にある店で食事をするとやちむんが使われていることが多く、この土地に根付いて愛され続けていることがわかる。

八木さん自身も「沖縄に来た当初、やちむんの存在は知っていても、さほど気にとめていなかったんです」という。それが沖縄本島北部の読谷村にある北窯という窯元で、器や作り手の人と出会ったことをきっかけに、次第にその魅力に惹かれていったそうだ。

読谷のやちむんは登り窯を使って焼かれている。窯に火を入れるときは、四つの工房が集まって共同で作業を行う。普段の作業も分業で行うことで、できるだけ価格を抑えている。実際の労力や手間を考えると、その価格は驚くほど安い。けれどそれを気負うことなく器を作る彼らの姿勢も、八木さんがやちむんに惹かれる理由のひとつであるらしい。緊張せずに普段使いできる器。暮らしに潤いや楽しさを与えてくれる器。気軽に、もっと自由に使ってその良さを知って欲しいと、サイト上でも八木さんが選んだやちむんが紹介されている。

ザラザラザラ……。

八木さんが器と器の高台同士をすりあわせていた。その瞬間、記憶からすっかり抜け落ちていたことがくっきりとよみがえってきた。「新しい器を買ってきたら、使う前にこうするの」。高台のざらつきでテーブルなどを傷つけてしまわないようにと、幼い頃母に教わった作業。新しい器は高台同士をすりあわせるか、紙やすりなどでなめらかにしてから使い始めていた。お店には既に処理がされているものが並ぶようになったからか、今では目にすることもないし、自分でやることがなくなったからずっと忘れていたのだ。久しぶりに聞いたその音に、突然記憶のふたを開けられて、妙に懐かしく感じた。

八木さんのアトリエを後にし、訪れてみた読谷の北窯の売店でもこの音がした。店の人が新しい器を並べながら行うその作業をしばらく眺めていた。単純に作業や器の質感云々ではなく、やちむんの器作りと八木さんの器作りに対する姿勢は何かでつながっている。ザラザラザラ……という音を耳にしながらそんなことを思った。

いつもの歩きなれた道で、健気に咲く野花を見つけた瞬間。八木さんにとってやちむんとの出会いは、そんな瞬間に似ているような気がする。

「これからは自分なりのやちむん、焼き物を作っていきたいと思ってるんです」。そう話す八木さんはまっすぐでうらやましくさえある。自由に素直に、ささやかではあっても暮らしを楽しもうとする八木さんの器作り。そののびやかな感性は、日々生活していく中で、何が豊かなことであるかを教えてくれた。

入り口を入ってすぐ横の、器が並ぶアトリエの棚。

すっきりとかわいらしいキッチン。八木さんがお茶を入れてくれた。

海を越えて運ばれる手紙は
このポストの中に届く。

白い器が多い中、私は色の入った花器を購入。

庭には八木さんの器に植えられたグリーンがちらほら。

大きく切り取られた窓。まるで外国のアトリエのよう。

上／ひと月に作る器の数は
だいたい決めているらしい。
下／キッチンの奥に置いて
あった電気窯。

ひんやりと静かな室内で、外の
強い日差しを一瞬忘れてしまう。

これは沖縄市内で買った壺屋焼のやちむん。

しなやかに

　気になって手にした吉田次朗さんの個展のDM。手にした場所は旅先の岐阜県多治見市だというのに、個展が開かれる場所をよく見ると、東京の自宅から電車に乗ってすぐのところ。旅で初めて訪れた場所が急に身近に感じられたりする瞬間だ。

　似たことがたまにある。旅先で東京の友人にバッタリ会ったり、東京の知人の作品を見つけたり。逆にがっかりするパターンで言えば、ここでしか買えないと思って選んだ地方のお土産が近くのデパートで売っているのを見つけたりなど。このDMには例えて言うなら、以前に観て気に入った映画のチケットをたまたまもらって、もう一度観に行けるような、そんな嬉しさがあった。

多治見では吉田さんの作品は、常設展示用のものをほんの数点しか見ることができなかったけれど、その中にあった薄い陶板が目を引いた。厚さ五ミリほどのベニヤ板に、白のペンキか珪藻土を大きな刷毛でザッと塗りつけたような質感で、ハガキほどの大きさ。そして一点ずつ表情が違う。他にはどんな作品があるのだろうかと東京での個展が楽しみだった。

目白にあるギャラリー「ゆうど」は、閑静な住宅街の一角に突然ポンとタイムスリップして現れたような古い日本家屋。建具の一部は古民家のものを利用している。靴を脱いで上がると縁側や庭の見える廊下がある。足裏で感じる木のきしみや畳には、夏には蚊取り線香の、冬にはストーブの匂いが似合う懐かしさがある。

十二畳ほどはあるだろうか。そのスペースには古道具とともに驚くほどの量の作品が並んでいて、そのエネルギーに圧倒されそうだった。多治見で見かけた陶板もあるし、急須や湯飲み、皿、大鉢など器の種類もさまざまだ。両手で抱えるほどの大きな花器があるかと思えば、円錐形や手の形をした手に載るほどの小さなオブジェまである。器とかオブジェという線引きはなく、「焼き物」というひとつのくくりの中で、できることを溢れるように形にしたような勢いがあった。そこからはものを作ることの喜びのようなものが伝わってきて、見ているこちらも楽しさがこみ上げてくる。

器を手にしては、食べ物は何が似合うだろうとか、壁に飾っても素敵だろうとか、広い空間があったらこのオブジェを置いてみたいなど、勝手な想像を自由に巡らせていた。空想や妄想はしょっちゅうだけれど、このときのそれは、アートを観ているような感覚に近かったのかもしれない。だからといってそれらが自己主張が強いかというとそうでもなくて、ご本人も何かを気負う風でもなく、さらりとあくまでもしなやかな印象なのだ。こうでなくてはいけないなどと型にはまることのない様子は、実に自由な感覚だ。

私などは変なところでおばあちゃん気質とA型気質がひょっこりと顔を出す。こうしなければなどと、つまらない決めごとをしてきゅうきゅうしてしまうこともある。「この呑気な暮らしのどこにそ

プレートハンガーを使って壁に飾ったりもしている。

んな要素が必要なのか？」と、自分でもやれやれと思ったりする。

楽しくのびやかな焼き物たちを見ていたら、余分な力を抜けば、もう少し楽にスイスイと泳げるようになるのかもしれないなんてことを思った。

私が買った陶板には、和菓子や濃厚なチョコレートを載せて使っている。これから私の暮らしを映し出すように、徐々に表情を変えていくのだろう。十年後、二十年後、器の変化とともに私の暮らしにしなやかさが少しでも出てくれれば、こんなに嬉しいことはない。

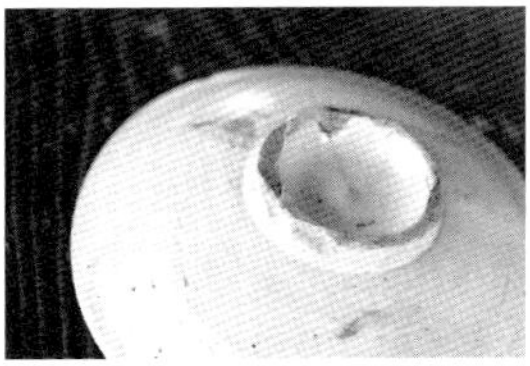

仙人の器

　市場、骨董市、蚤の市……。市という言葉にどうも弱い。お祭り好きの人が、その日が近くなるとソワソワするみたいに、市と聞くと何だかムズムズと落ち着かなくなってしまう。

　金沢の近江町市場の近くで「大骨董市」というのぼりを見つけたときもやはりそうだった。のぼりに吸い寄せられるように中へ入ると、妙にシンとした、小さな屋内骨董市という感じのスペースになっていた。

　金沢へは夫の実家ということもあり、今では年に一度か二度は訪れている。歴史のある町並みには骨董店も多く点在しているものの、

菜の花のからし和え。えぐ味や苦味は大人になってわかった春の味。

私などがおいそれと手を出せるような雰囲気のお店は少ない。それなら気さくな骨董市などで古いものと出会うことができればと思うのだけれど、金沢市内ではお寺や神社の境内など青空の下で、定期的に行われるような骨董市は立たないらしい。だからなおさら「大骨董市」ののぼりには惹かれるものがあった。

そこは五、六人の業者が集まりそれぞれお店を出しているようで、時間や曜日によって店主が不在の場合もある。店主がいないと値段を聞くこともできなければ、気に入ったものがあっても買うこともできない。ちょうどそのような状況で出会ったのがこの五寸皿だ。

器やガラス瓶、籠、掛け軸、家具など。さまざまなものが雑然と置かれる中、棚の下に隠すように置いてあった一枚のお皿が目に留まって引っ張り出してみた。ホコリにまみれたそのお皿を手に取ると、色味も砂目の位置や大きさもいっぺんで気に入った。ただ裏を返して高台を見ると、削り取られたようにひどい具合に欠けている。これじゃあ駄目かとあきらめかけたが、試しに平らな台に載せてみた。それがどういうわけか、グラつきがまったくない。残っている箇所のバランスが良かったのか、何の遜色もなく日常の器として使うことができる。後は値段の交渉だと、張り切ってあたりを見まわすと店主がいない。お皿を手にして、どうしたものかと困っていると、「〇〇さんは最近来てないねぇ。値段もついてないし、また来てみるんだね」。隣の店主が声をかけてくれた。

がっかりした。せっかく自分の中での葛藤が静まったというのに、この気持ちをどう収めれば良いのやら。金沢の滞在期間も限られているし、このお皿とは縁がなかったのかもしれない。古いものは出会いもの。また訪れてみてその時も店主がいなかったら、タイミングが悪くて売れてしまったら、それはそれで仕方のないことだ。そうだ仕方のないことなんだ。

そんな風にどうにかして自分に言い聞かせてみたのだけれど、お茶を飲んでいても何をしていても頭の中にはあのお皿がちらつく。どこにでもありそうなものだが、考えているうちに高台の欠けている加減まで美しいものに思えてきた。

結局金沢を離れる日にもう一度、駄目もとで寄ってみることにした。すると白髪の痩せた仙人のような店主が、椅子に座ってお茶を飲んでいる。お皿があった場所に目をやると、ちゃんとそこにある。仙人店主に過日のことを話すとおまけをしてくれた。

「これは李朝の器なんだよ」

本当かどうかわからないし、この器が気に入ったのだから、私には李朝云々はあまり関係ない。ただ、新聞にくるまれたそのお皿が、本当に李朝のものだったとすると、国を超え時代を超え、はたまた日本中を旅して我が家にやってきたことになる。そのことを思うと飾るのではなく、しまい込んでしまうのではなく、大切に使い込んだ状態で次の時代に残すことができたらと思う。

訪れるたびに私をワクワクさせてくれた「大骨董市」ののぼりは、仙人が古いものと一緒に霞の中へ消えていくように、残念ながら二〇〇五年一月末日をもって姿を消した。

見た目よりも思いのほかどっしりと重い。

ちまちまの楽しみ

小雪が舞う中、「素敵な骨董店があるから」と、金沢のCさんが愛犬ダンゴを連れて、車で案内をしてくれた。「買い付けでお休みの多いお店だから、もしかしたらやってないかもしれない」と言われても、まったく構わなかった。車に乗せてもらって市内を走っているだけでも、今までとは違う景色を見ているようで十分満足だった。

Cさんは金沢市内にあるカフェ&ギャラリー「collabon」で働いている。初めて訪れたのも、その頃からコーヒー豆を卸すことになった古書店「あうん堂本舗」の店主と、その店でたまたま待ちあわせをしたことがきっかけだった。もとは古い下駄屋だった建物を改装したお店は、木枠のガラスの引き戸や昔のまま残した土壁が懐かしい空間だ。そこには取り繕ってできたものにはない、ゆるゆるとした空気と時間が流れていた。三人いるスタッフの距離感も程よく、自然とくつろいで気軽に話をすることができる。常駐しているダンゴも、いつの間にか猫のように人の膝の上でスウスウと寝息をたてていた。居心地の良いことに味をしめて、滞在中はついつい足が向いてしまう。ひょんなことから広がった人の輪のお陰で、金沢への里帰りの楽しみが訪れるたびに増えている。

案内してくれた骨董店「きりゅう」の前まで行くと、シャッターが半分閉まっていた。やはりお休みかと思いながらCさん、私、夫の大人三人が並び、ジーッと店内を覗く。まるでおもちゃ屋さんの前で子供がそうするみたいに。すると「買い付けからちょうど帰ってきたところなのよ」と、細身のきれいな女店主が、お休みだというのに笑顔で私たちを中へ招き入れてくれた。

ピンと背筋が伸びるようなギャラリーや骨董屋などに、緊張しながらも身を置くことが好きな一方で、ザワザワとものが語りかけてくるようなにぎやかな空間に囲まれているのはそれ以上に好きである。ここはまさに後者のような場所で、器を中心に古道具や家具、着物などがところ狭しと並んでいる。ものとものの間を注意深くすり抜けて、積み上げられた中から何かを見つけるのは、宝探しのようで心も躍る。自分の荷物も置き去りにして、つい無口になるほど夢中になってしまう。

そうしてたくさんの中から私が選ぶものは、案外とちまちました小さなものが多い。数を揃えるでもなく、ちまちまと集まったその様子は、自分自身の器の大きさを表しているようにも思えて、何だか可笑しくもあり、恥ずかしくもある。

朱の漆器や豆皿、ぐい呑みにも小鉢としても使える九谷焼の器。小さいながらもそれらがひとつ加わるだけで、日頃見慣れた食卓の風景に新鮮な色を添えてくれて、テーブルの上がほんの少しリズミカルになる。食べ終わって洗い物をしているときも、手の中に収まる加減が心地良く、拭いたものを並べたさまも、ちまちまは何だかかわいらしい。

　少しずつ増えてきた小さな器たち。それは私にとって、まったく見ず知らずの土地でポツリポツリと出会うことができた人たちとのつながりにも似ている。また会いたいと思える人がいることはしあわせなことだとしみじみ思う。

　小さいものにも大きな力があるんだなあと、小さな器を見て思う。人の出会いを大切にするのと同じように、ちまちまとした器選びの楽しみは、この先もたぶん変わらない気がする。

もともと家にある器。後から加わった器。そんな境目も次第になくなっていく。

パイプの煙

「アンティーク・フェルメール」の店主はパイプを吸っている。

初めて彼に会ったときも、パイプをくわえていた。これだけ書くと年配の方を想像しそうだけれど、私と同世代なのだ。パイプと言って私がすぐ思いつくのは、せいぜいムーミンパパくらいだし、まわりにパイプを吸っている人はいないから、その姿は新鮮だった。

呼吸を静かに整えたパイプからは香りの高い煙が細く昇り、ゆらゆらと宙を漂う。煙が漂い始めると周囲の空気もシンとして、吸っている本人はただそのことだけに集中しているように見える。そんなひとときは、何かものを考えるのにちょうどいいそうだ。

パイプはもちろん、私は煙草も吸わないから、その感覚を実感として味わうことはできない。けれど煙の筋を見ていると、何となくわかるような気がする。パイプを教わって楽しそうにしている夫を余所に、私は店内を見せていただくことにした。

そこは金沢にあるイギリスのものを中心としたヨーロッパアンティークのお店。パイプももちろん扱っている商品のひとつで、それ以外も他ではあまり見かけないようなものが揃っている。入口に立てば全体を見渡せるほどの店内なのに、一度見た棚でも、二度目に見直すと、違うものが勝手に奥から現れてくるような、不思議な感じのするお店なのだ。ただ単に私が見落としているだけに過ぎないのだけれど、お陰でずっと見ていても何度同じところを見ても飽きない。腕時計やアクセサリー、ボタンやレース。銀器やグラス、工具などとにかくさまざまなものがある。何に使われていたのか想像がつかないものでも、店主が色々と教えてくれる。ものにまつわるそれらの話がまたおもしろくて、つい長居をしてしまう。

私がゴソゴソと物色している間に、パイプをくわえていたはずの夫がいつの間にかグラスを選んでいた。それは十九世紀のイギリスのもので、目盛がふられているのはカクテルメジャー用のものらしい。きれいな注ぎ口の曲線からは、まだ熱く軟らかなガラスを器用に形作ったであろう職人の手跡が感じられる。真上から見ると小さなカラーの花のようにエレガントな形をしている。けれど目盛のエッチングの文字はまちまちの大きさで、その洗練しすぎない手作業にかえって親しみがわく。年代物で薄く華奢なタイプだと、普段使いをするにはちょっと緊張してしまう。その点このグラスは、しっかりと厚みのあるステムに安定感がある。

さて高さ十センチ弱のこの小さなグラスを何に使おうか。アイビーなどのグリーンを挿してもいいだろうし、この注ぎ口ならミルクピッチャーとして使っても、ミルクの白く細い線をコーヒーの中へ落とすことができるだろう。結局、普段の生活でどう使うかを考えるのは、私の役目になる。あんなに私が棚の隅々まで見渡していたのに、パイプをプカプカとふかしていた夫に呆気なく良いものを見つけられてしまったのが少々悔しくもある。

まあだからといって器探しを焦るつもりはない。これは負け惜しみでもない。自分がいいなと心底思えるものに、ゆっくりと出会えたらいいと思っている。目に入ってこなかったのは、もののほうからすれば「キミじゃないよ」といったところかもしれない。器探しに限らず、楽しみは少しずつ、長く長く、が良い気がする。そんな心持ちでいるためには、パイプからゆらゆらと煙を漂わせるみたいに、頭を空っぽにする余裕をいつもどこかに持っていなければ。

「2・4・8」。目盛の数字のふり方がちょっと不思議。

プレゼント

青山学院大学のすぐ近くにある「草so」に行くときは、青山通り沿いの大学の正門から入って（本当はいけません）裏門へ抜ける構内を歩く。ほんの一、二分のことなのに、学生の頃のちょっと甘酸っぱい気分と恥ずかしさのようなものが入り混じって、何だかくすぐったくなる。実際私が通っていたのは違う短大だし、しかも女子大で、その頃の自分を思い返してみても甘酸っぱいような出来事はどうも思い当たらない。別にあの頃に戻りたいというのでもない。それでも何となく懐かしい感じが心地良くて、ついついそこを通ってしまう。正門から続くイチョウ並木がサワサワと風に吹かれる新緑の季節も、パッと明かりをつけたようにあたりが明るくなる紅葉の季節も、表の大通りにはない学校独特の雰囲気がそこにはある。

もともと「草so」に私を連れて行ってくれたのも、そのコースを教えてくれたのも友人のNさんだ。初めてお店を訪れたのは、夏の暑さに紛れて秋の足音が聞こえ始めた頃で、ちょうど私の誕生日が過ぎたばかりだった。

小さな店内には「大切に選ばれてここへやって来ました」と、誇らし気な顔をした器たちがきちんと並んでいる。誇らし気とか、きちんといっても気取った風ではなく、店主の藤本美亜子さんそのもののように、慎ましく近しい感じがするのだ。

そこで目に留まった鎬の器。「いいね、これ」と言いながら、何度も手に取ってはまた棚に戻した。「今日は見るだけ」と、心の中で繰り返し自分に言い聞かせてみるものの、話をしていても気もそぞろになってくる。他の器を見ていても、同じ場所に戻ってはその器の前に立ち止まり、また手に取ってを繰り返す。無意識にそうなってしまうのだけど、自分で気付いて今、こうして思い返してみても子供みたいで恥ずかしくなってくる。そんな私を見兼ねてか、Nさんが「じゃあ誕生日に」と言ってプレゼントしてくれた。自分の誕生日はとっくに過ぎたものと思っていたのに、しかも自分が気に入ったものをいただいて、なんて良い日なんだろう。半ばねだってしまったような気もしてしまうけれど、素直に有難く頂戴することにした。Nさんありがとう！

嬉しくて翌日から毎日のように使った。貫入への色の入り方も美しく、ほうじ茶やコーヒーがよく似合う。来客の方からも褒められる人気者だ。「そうでしょう、そうでしょう」とまるで自分の子供でも褒められているかのような心境だ。Nさんにも「草 so」の藤本さんにも、会ったことのない作家の堀仁憲さんにも報告したくなっていた。

そう思っていたら、あるグループ展で、堀さんご本人にお会いすることができた。堀さんはとても気さくな方で、器のことや福井県の工房のことなどをお話した。嬉しくて、勢い余ってしゃべりすぎたと後から反省したのだけれど、貫入の様子も嬉しそうに聞いてくれた。そのときの展示では、鎬の器以外にも象嵌などを施した細やかな作業のものまで、さまざまな作品を見ることができた。

「やりたいことがいっぱいあるんですよ」

そんな言葉がさらりと出てくるさまは、気持ちがスカッとしてこちらまで力がわいてくるような気がする。

以前「うつわ楓」で手にした手塩皿も、たまたま堀さんの器だった。自分でも気付かないうちに同じ作家の方の器を手にしていることがある。違う場所でまったく違う作風のものでも、懐かしい何かに出会ったときのようにハッと手にすることがまたあるのかもしれない。そんな思いがけない再会も楽しみである。

甘味があって香ばしい、棒茶も好きなお茶のひとつ。

ノビルをよそって

名古屋からの帰りの新幹線の中、網棚からは土と青い匂いがうっすらと漂ってくる。その匂いの正体は、「而今禾」の畑からお土産にたくさんいただいたノビルの匂いだ。

二月下旬、春の気配はまだ遠く、冷たい風が山から吹き込む寒空の下。「而今禾」の畑では「寒さなんてお構いなし！」といった風に、青々とした水菜やブロッコリーが元気に育っていた。以前この畑に連れてきてもらったときには、まだ耕したばかりだったのに、すっかり畑らしい景色になっていた。雑草を抜きながら、野菜が育つ畝の合間に土深く自生したノビルを、「而今禾」の店主、西川弘修さんが鍬でざっくりと掘り起こしてくれた。ノビルを目にするのなんて何年ぶりだったろう。小学生の頃は春になると、友達と近くの土手までよく採りに行っていたっけ。玉ねぎにも似たその味は、生のままカリカリと齧るのもいいし、サッと湯通しして酢味噌なんていうのもいい。マヨネーズに柚子胡椒というのもきっとあうと思う。そしてこの春の味を「而今禾」で買ったばかりのあの器に盛ったらどんなだろう。車中で漂う匂いを感じながら、そんなことを想像しただけで顔がゆるんでいった。

あの器とは額賀章夫さんの白磁の器。小鉢として使ってもいいし、お茶をたっぷり飲みたいときにカップとして使ってもいい。きっと色々な用途で使える、程のいい大きさだろうと考えてスッと手が伸びたのだ。いいえ、訂正。用途を考えたのはものを買ってしまう自分への後からの言い訳で、「あっ」と思った瞬間にスッと手は伸びていた。その時点でもう心に決めていたのだ。

この白磁、手にしてみると磁器だというのに陶器のような独特の質感があって、シャープな印象があるのに緊張しすぎない感じがいい。家に持ち帰ってからも、ピカピカと新入りの顔をせず五、六年選手のように、棚の中で他の器としっくり馴染んでいる。

結局いただいたノビルは何個かをそのまま味わって、後はサッと湯通ししてシンプルに鰹節とお醤油でおひたしにした。この器とその年初めての春の味のおかげで、いつもの家のおかずがちょっと良く見えるから不思議なものだ。そして「而今禾」の畑のことや、美味しい食事をみんなで囲んだ楽しい時間も同時に思い出させてくれる。単純にものとしてだけではなく、物語を持った器が我が家にまたひとつ加わったことが何より嬉しい。

この食事の後、同じ器でほうじ茶を飲んでみてその口当たりに驚いた。縁の部分だけわずかに薄く、滑るようにやさしく飲みやすい。器のほどよい厚みのせいだろうか、熱いお茶を注いですぐ手にしても、持つことができないほどの熱さにはならない。ひと言に白といってもさまざまなトーンがあって、この器の白はほうじ茶の色を濁らせることなくきれいに映し出す。

そういえば西川さんのお嬢さん、夢乃ちゃんはこの器でお昼ごは

使いまわし色々。

んのトマトスープを食べていた。トマトの赤が器の白に映えて美味しそうだったのを思い出した。「磁器は陶器にくらべ、高温で焼かれているので丈夫なんですよ」と奥さんの米田恭子さんが教えてくれた。確かに洗っているときにも安心感がある。シンプルな器なだけに、使ってみて初めてわかるその魅力にすっかり参ってしまった。「あっ」の直感は、あながちはずれていなかったかと思うとまた嬉しさがこみ上げてくる。

柱から汁椀へ

「同じ釜の飯を……」ではないけれど、初めて会う人とでも、そこに美味しい食事があると不思議と気持ちがほぐされて、会話も自然に生まれるような気がする。私が日常で思う「美味しい」は特別贅沢なものではなく、誰かが誰かのために作った心あるもの。「而今禾」でご馳走になったごはんは、まさにそんな美味しさだった。

樹齢一〇〇年はとうに経っているだろう。どっしりと力強いトチの一枚板でできたテーブルを囲んでの夕食。ゆらゆらと湯気が立ち昇る土鍋や、すり鉢に盛られたカブの浅漬け、玄米ビーフンなどがテーブルの上ににぎやかに並ぶ。土鍋には鮮やかな緑ですっぽりと

うどんも加えて。シンプルなのに旨味がたっぷりの美味しいお鍋。

ふたをするように、畑から採ってきたばかりの水菜がたっぷりと入れられた。葉の先までシャキッとしていた水菜は、まるで温泉につま先からゆっくりと入っていくみたいに出汁に馴染んでいく。さっと焙って焦げ目をつけた油揚げからは、出汁の旨味がジュワッとしみ出てくる。やわらかい鶏肉と水菜のシャキシャキした歯ざわりが、口の中で楽しい。

鍋をいただくのに使っていた汁椀は、西川さんが偶然出会った木工職人のおじいさんに頼んで作ってもらったそうだ。きれいな木目を生かしながら、ひとつずつていねいに作られている。素材はケヤキの木でできていて、築二〇〇年ほどの旧家の大黒柱として使われていたものだそう。木としては、おそらく四〇〇～五〇〇年は経っているものらしい。あえて漆塗りをほどこしていないので、せっせと椿油などを塗り込む作業が必要になる。でもそうすることで、使いながら徐々に飴色になっていく姿もまた美しい。和食でも洋食でもあうし、大きめのサイズだから具だくさんのスープにもいい。熱いものをよそっても、木が熱を受け止めてくれるから、やさしい温かさだけが手に伝わる。ごはんと汁物が基本となっている西川家には、欠かせない器のひとつなのだそうだ。柱から器に姿を変えたこの古木は、扱う人ごとに表情を変えながら、この先もまた何年も生き続けていくのだろう。

冷えた身体が内側からジワジワと温まる頃には、いつの間にか会話もはずんで、楽しい夕餉の時間を過ごしている。

夢乃ちゃんがパステル画のような花柄の絵付けのめし碗で、玄米ごはんをパクパクと口に運んでいる。

「このめし碗、夢乃が自分で選んだんですよ。実はひとつ目は割ってしまって、これはふたつ目なんです。普段はめったにお皿を割ることもないのに、これは落としてしまって……。自分で割って泣いてました」。恭子さんがこっそり話してくれた。

磁器の質感はこうで、陶器の質感はこんな感じ。落とせば割れてしまうし、大切に扱わなければ欠けることもある。理屈や言葉で教わるのではなく、毎日の暮らしの中から、何が大切なことかを自然に学んでいく。既製品ではないから、まったく同じものではないかもしれないけれど、夢乃ちゃんはもう一度買ってもらったこのめし碗を、きっとずっと大切にしていくだろう。美味しいごはんをいただきながら聞く心温まるお話。

土鍋は火から下ろしても、その保温性のお陰で温かいままおかわりをいただける。湯気が昇る鍋を囲み、「なんだか家族みたいだなあ」とほろ酔いの頭でフワフワと思ったりした。

ぽってりとした持ち手がやさしい
印象の土鍋は榎原陽子さんの作品。

預かりもの

昔の宿場町がそのままの姿を残す、三重県亀山市の関町。その街の一角にある「而今禾」は、昭和八年に建てられた建物に手を加えてギャラリーとカフェを営んでいる。

古い建物の中には作家ものの器や布もの、古道具が並ぶ。「並ぶ」というよりは、「そこにいる」と言ったほうがその様子にぴったりとはまる。他のお店でも扱われている器が、ここで見るとまた違った表情を見せている。選ばれてやってきたものたちからは、その息づかいまで聞こえてきそうだ。けれど不思議とべったりとした感じや、張り詰めた空気はここにはない。だから心置きなくゆっくり向きあうことができるのだ。

「古いものは昔の人から一時的に預かっているものだと思っているんですよ。時代を経てその形を残してきたのだから、ここでは手直しをせずにそのままの状態で置いているんです」と西川さんが話す。

手にした誰かがその人の生活にあわせて使いやすいように、木を削ったり色を塗るなどして手を加えるかもしれない。名前が書き込まれることがあるかもしれない。それでも人の手から手へと渡って、大切に使われながらストーリーを積み重ねていくことも、古いもののおもしろさだと思う。「預かりもの」。なんだかいい言葉だ。

古いものだけでなく、現代の器なども誰かから「預かっている」と考えれば、自然と大切に扱うだろうし、ものと自分の間にいい距離感が生まれるように思う。ものに執着してしまうと、自分が使わなくなってもなかなか手放せなくなってしまう。でも預かったものと考えれば、借りた誰かに返すつもりで、もう少しすんなりとものを循環させることをできるような気がする。自分が気に入ってずっと使い続けて、次の世代でも使われ続けたらものもきっとしあわせだろう。

ギャラリーで扱っている器は、「而今禾」のカフェでも使われている。カフェで使われている器はお客さまにも人気の品だとか。器は使ってみてわかることも多い。だから実際に使い心地やどんな料理にあうかを知ることができるのは有り難い。そして西川家の普段の食事に使う器と、カフェで使う器の線引きはないそうだ。すべてひとつの食器棚の中に収まっている。自分たちの食卓で使うことで使い心地や手入れの仕方、時間を経て変化していく様子をお客さまにも自然と伝えることができる。例えば、やわらかい土を使ったものだと欠けやすいから、小さいお子さんがいる家庭だったら丈夫な磁器をおすすめする。日々の暮らしの中で使っているからこそ出てくるちょっとしたひと言が、リアルだし信頼ができる。

恭子さんは毎朝自家製の天然酵母のパンを焼いている。焼きたてのパンは厚手のふきんに包まれて、香ばしいアツアツのままを味わうことができる。夢乃ちゃんはランチョンマットの上の器とカトラリーをどう並べようかとあれこれ楽しそうに考えている。何気ない小さな積み重ねが、本当の豊かさへつながっているように思う。

私が「而今禾」を好きなのは、どんなものを扱っているか以前に、そうした「たいせつに暮らす」という豊かな空気を感じられることが一番の理由かもしれない。

カフェの向こうには中庭をはさんでギャラリーが見える。

「而今禾」の外観。古い宿場町の町並みが続く。

「而今禾」で使われている西川家
お気に入りの器たち。

右上／ポットとして使われている昔のパーコレーター。　左上／ギャラリーから
カフェへ抜ける三和土。　右下／古いものと新しいものが同居している。
左下／西川さんはこの自転車に乗って近所へ。この自転車もまだまだ現役。

汁椀に椿油を塗っては乾かしを繰り返す。

ギャラリーの二階部分。宝物部屋のようで、見ているだけでワクワクしてしまう。

「あっ」と思った作品を一階に持って下り、日の光で色を確かめたり。

訪れたのは二月だったのに青々と野菜たちが育っていた。

水菜もとっても元気。

左から西川さん、恭子さん、夢乃ちゃん。

湯飲みいろいろ。お茶の準備。

三重県伊賀の和菓子店
「まっちん」のわらび餅。

ブリキ缶の片口

「途中、休憩を挟んで約四時間で長野に到着予定です」

車内にアナウンスが流れる。午前七時三十五分池袋発の高速バスに乗って長野へ向かった。四時間という数字に少々怯んだけれど、何てことはない。バスに乗ってしまったら、あっという間に熟睡してしまったのだから。

長野へ向かったのは前から行きたいと思っていたギャラリー「夏至」で、大村剛さんの個展が行われていたからだ。目的がはっきりしていたし、日帰りなのにあまり欲張っても仕方ないと思って、ギャラリーの場所を調べる以外は大した下調べもせずに（それでも美味しいお蕎麦屋さんだけはチェックして）出かけることにした。

長野に到着してポンとバスから降ろされても、外国に着いたときと違って、瞬間的に空気の匂いが違うとか湿度が違うとか、明らかな違いは寝起きのせいかあまり感じない。当たり前だけれど言葉も通じる。「あれ？　本当に着いたの？」といった感覚は、国内旅行では度々思うことだ。でも街を歩き始めると、初めて目にする景色や音や匂いといった、いつもと違う空気にじわじわと次第に包まれていく。ゆっくりとやってくるその感覚が、最近はたまらなく心地良い。

大村さんとは知り合いから偶然紹介されてお会いした。器とご本人にほぼ同時に出会うということもなかなかないので、不思議な感じがした。ご本人の第一印象は「物腰の柔らかい青年」だった。そう書くと自分がずいぶんと年老いた気がしてしまうけれど、青年という言葉がとても似合う気がしたのだ。

そしてその青年が作る器を初めて見せてもらったときには正直驚いた。質感は銅か鉄か何か金属のようで、釉薬の色もそれらが酸化して黄変したような色をしていた。黄土色ともひと言では言えないし、黄色味のある緑とでも言ったらわかりやすいだろうか。その口元と持ち手に、漆のような渋みのある赤の細い線がアクセントに使われたマグカップだった。その渋い赤を全体に使った片口なども見せてもらった。どれも新鮮なもので、私だったらどう使おうということをずっと考えていた。オブジェのように部屋のどこかに置いてみるか、それとも花器として使ってみるか……。あれこれ考えを巡らす私の横で「灰皿にして使ってみてもいいんじゃないかなあ」などと夫がさらりと言ってのけた。

「あっ、それいいと思いますよ」と大村さんも言ってくれる。が、私はまっさらの器をそんな風に使う勇気などない。そのときは手にせずにしばらく宿題のように考えていた。

その後、ポツポツと色々なギャラリーやお店で大村さんの器を見かけるようになった。あのフォルムのおもしろさや色の楽しさには惹かれるものの、自分なりの使い方がまだ見つからなかった。家の中でどう馴染ませるかがわからないまま簡単に手にしては、大村さ

休日。まだ日が落ち切らないうちからゆるゆる始める贅沢な時間。

んにも器にも何だか申し訳ないような気がして、連れて帰ることがなかなかできなかった。

大村さんの工房を訪れたある日、彼の器が外に転がっているのが目に入った。雑草の上に日光浴でもするかのように二、三個がごろんと。雨が降ったらそのまま雨ざらしだろう。けれど雨に濡れたその様子も緑に映えて、きっときれいに違いない。金属のような陶器の質感と釉薬の色が違和感なく土と緑に溶け込んでいた。のびのびとしたその姿は、構えずあまりにも自然で、使う側も「それでいいんだなぁ」と思わせてくれたひとコマだった。

長野での個展はそんなことがあった後だったので、とても楽しみにしていた。個展のタイトルの『町工場』というのもどんな感じだろうかと期待が膨らむ。高台に建つ古い建物を改装した「夏至」では、工場にあるドラム缶やそこに転がるブリキ缶やペンキを想像させる作品が展示されていた。その他に銀彩の器も加わって、また世界が広がっていた。大村さんの世界を保ちつつ、またこれから変化していくのかもしれないという予感がして楽しい展示だった。

私が選んだものは、鉄釉の片口とお猪口。片口はまるで錆びたブリキ缶のような質感で、器の側面に入った缶そのもののような畝にもちょっとしたユーモアを感じる。酒器としてはもちろん、アイスペールとして氷を入れてもいいと思う。鉄のようにひんやりとした様子は、ガラスの器と組みあわせれば夏でも涼しげに使えるのではないだろうか。食卓でなくても、例えば机の上に置いて色鉛筆をゴソッと入れても良さそうだし、真っ赤な椿を一輪挿したら和風のインテリアにも似合うだろう。今度はリアルな想像がどんどん膨らむ。

そういえばある別のギャラリーでは、手を拭くペーパータオルをきれいにたたんで大村さんの鉄釉の器に入れていた。好きに使えばいいということを頭で思っていながらも、コチコチに固まりかけた私の頭がそれを見てほぐされた気がした。そんな風に自分なりの使い方というか、器との接し方で自由に親しめばいいんだよなぁということを、手を洗いながらしみじみと思った。

長野からの帰り道は目が冴えていた。選んだ大事な器が寝ている間に手元から滑り落ちたり、シートに置いていたとしても急ブレーキで転げて割れてしまったら……なんてことを考えると寝てなどいられなかった。それに加えて梱包材に包まれている器を早く使ってみたくてソワソワと落ち着かなかったのだ。「友達を呼んでお土産のお蕎麦でも食べながら、まずは酒器として使ってみよう」

東京に着いてバスを降りる。長野に着いたときとは逆に、旅の余韻に浸る間もなく雑踏とザワザワとした早い時間の流れに一気に引き戻される。「あー帰って来た」と、どこかでホッとしている一方で、その早い速度は私を少し悲しくさせる。手もとの器が人の波にのまれて割れてしまうことのないように、大事に大事に抱えて帰った。

自分らしく

匂いが何かの記憶と結びつくことがある。例えば蒼く深い緑の匂いに初夏の入り口を感じたり、湿り気のある土埃の匂いの中に、雨の気配を感じたり。香水の香りで誰かを思い出すこともある。それと同じように匂いが場所と結びつくことがある。

原宿のさまざまな音と人の波から逃れるようにして地下へ続く階段を下りると、フワッとやわらかく漂う甘い匂い。私の中ではその匂いと「Zakka」が結びついていて、パブロフの犬のように条件反射で「Zakkaに着いたあ」と思ってしまう。何の香りかずっと気になっていて、いつも訊ねてみようと思っているのに、オーナーの吉村中さんやスタッフの方の笑顔に迎えられた拍子に、ついそんなことも忘れてしまう。さっきまで人混みの中を歩いていたのが嘘のように、ここはいつも静かでホッとする。余計な音がスポンと排除されたようなエアポケットのような空間。店内に響くミシンの音はダダダダッと何かを追い立てるような音ではなく、カタカタカタとやさしいリズムを刻んでいて気持ちを落ち着かせてくれる。

初めて「Zakka」を訪れたのは二十代の頃だから、もう十年以上も経っている。器やていねいに縫われたクロス類や雑貨などはもちろん、ディスプレイで使われている木の実やお豆、小石を使ったカレンダーにまで、いちいち感動したのを覚えている。選ばれてやってきたものたちは、同じ匂いのする空気を含んでいて一本の線で繋がっている。扱うものや作家の方の作風は少しずつ変化しているはずなのに、最初に受けたそんな印象は今もまったく変わっていない。時代がどうのとかまわりがどうのということに流されることなく、まっすぐ立っている。そこが「Zakka」の魅力なんだと思う。

家の中を見まわしてみると、「Zakka」で出会ったものがいくつかある。それらはもちろん一気に買い求めたものではなく、この十年以上の中で少しずつ少しずつ増えてきて、ようやく私の暮らしに馴染んできたものたちばかりだ。そこに最近「ころ碗」の墨色を買い足した。先に使っているクリーム色にくらべると、まだまだよそ行きのような表情をしている。ふたつ並べてもまったく違うもののようで、人が来ても一緒に出すことはまだしていない。墨色がこなれて落ち着いてきたら、そのときは揃いで使ってみようと思う。

「Zakka」に並ぶ器はそこにあるとき「Zakka」らしい顔をしているけれど、そこから離れて家にやってきたら、今度はどう自分らしくその器を育てていくかが買う側の役目のような気がする。だからここで何かを選ぶときは慎重になる。ずっと使い続けることも考えて選ぶようにしている。

好きな店があって、たとえすべてを買い揃えることができたとしても、やはりまったく同じようにはいかないと思う。ただ形を真似るのではなく、「ここの店好きだな。素敵だな」と感じた空気をちょっとずつ持ち帰って、使うその人らしさが感じられたほうが素敵だと思う。

自分らしいということがどういうことか、私もまだまだわからない。それは毎日を積み重ねていく中で少しずつ見えてくるものだろうし、きっととても時間のかかることだろう。ひょっとしたら自分では、自分らしさなんてずっとわからないままかもしれない。でもカタカタカタカタというミシンの音のように、自分のペースでちょっとずつつかんでいければ、それで良いのだろうと思う。

そういえば、何年か前までカフェにフードメニューがあった。ガスオーブンで温められたパンは、まわりがカリッと中はほっくりとしていた。お皿の温野菜と半熟のゆで卵は、小さな器に入れられた自然塩でいただいた。トマト以外の野菜を塩だけでいただくことがその頃の私には新鮮で、それぞれの味をじんわり噛みしめて味わうことをそこで知った。今もカフェスペースで使われている浅井純介さんのカフェオレボウルは、ぽってりとした手触りがカフェオレを甘くしたときのようにやさしく温かい。小さなカフェスペースでは、きちんとした一線がお店の中で引かれているのに、誰かのお家に招かれているようなホッとする温かさを器から感じる。

「Zakka」を通して、色々なことを教わっている。背筋も気持ちもピーンとまっすぐでいなければと、吉村さんにお会いするたびに思う。

しっかり牛乳を泡立てたカフェ・オレ。
自分用の一杯もたまにはていねいに。

器つながり

思わぬところで人と偶然バッタリ会うことが多い。道端や電車の中、お店、旅先など、とにかく色々な場所でだ。松本を訪れたときには、お土産のお菓子を買おうと入った「開運堂」で吉村和美さんとバッタリ会った。しかも会うのはそのときが初めてだった。そこに共通の友人がいたからわかったのだけれど、それにしても驚いた。たまにしか乗らないバスに乗ったら、夫が乗っていたなんてこともあった。そんなことがまだまだある。だからちょっとやそっとのことでは驚かなくなったと言いたいところだが、やはりその度にびっくりしてしまう。

益子の陶器市でもそんなことがあった。初めて益子の陶器市を訪れたのは二〇〇三年十一月の初め頃で、益子に近づくにつれて木々の葉に黄色や赤が増えていった。途中寄り道をしながらのろのろと行ったものだから、向こうに着いたのはお昼をとうに過ぎていた。出遅れたような気持ちを取り戻すように、賑やかな雰囲気の陶器市をキョロキョロしながら歩いていると、後ろのほうから人を呼び止めるような声がする。「ナカガワ」という苗字もめずらしくもないからそのまま知らん顔をして歩いていると、声はどうも私たちに向けられているものらしく、フッと振り返るとそこには知人の顔。器好きのその友人とは東京でもなかなか会えないのに、まさか益子で会うとは。ちょうどバッタリ出会った場所は、益子の陶芸家石川若彦さんが出店している場所で、器を販売する隣の屋台の日本酒で乾杯をした。それが初めて訪れた益子の思い出だ。

二年後の春にまた益子を訪れることになった。連れて行ってくれたのは福島で果樹園とカフェを営むA夫妻で、今回は朝早くから出かけたお陰で、じっくりと全体を見ることができた。

春の陶器市はゴールデンウィークにかけて行われているということもあって、大変な人出だった。陶器市だというのに「この山菜美味しいよ」と勧められてコシアブラを買ったり、地元のおばあちゃんが拵えたというお餅を買ったり、喉が渇いたら作りたての苺ジュースを飲んだりと、すっかり食いしん坊のお祭り気分だ。道なりにたくさんの作家の方たちが出店していて、その数はどれくらいなのかわからないほど。でも不思議と目に飛び込んでくるものは限られてくる。結局それは好みかどうかということだとは思うけれど、もの自体に力があってグイッと首根っこをつかまれて引き止められるような感じだ。気になった作家の方に、東京での扱い店舗を教えてもらうと、行ったことのない新しくできたばかりのお店だというので何だか得した気分になる。

今はインターネットで検索をすれば、大体のことは調べることができるし、私も実際利用している。けれどこうして人から直接何かを得ることはやはり嬉しく、その速度は元来アナログな私にちょうどいい。得た情報の濃さも何だか違うように思う。小さな出会いにホクホクした気分で器を見ていると、またもや東京の知人に呼び止められた。今までに何度も同じことはあったはずなのに、やっぱり慣れずについ大きな声を出してしまう。しかも以前と同じ石川さんのブースの前での出来事だった。偶然と思いながらも本当はそうなることが前から決まっていたような気さえしてくる。でもこんな偶然は大歓迎だ。

益子から帰って、すぐに教えてもらった文京区千石にあるお店に行ってみた。土、日曜だけ開く「sasulai」は、魚屋さんと長屋続きになっていて、下町の風情が残る街にある。もし店先に縁台なんかがあったら、近所のおばあちゃんが休んでいきそうな、温かくのんびりとした空気が漂う。その雰囲気のまま、店の奥の上がりに座らせてもらってコーヒーまでいただいてしまった。店内には古道具などと一緒に益子で会った作家の方の器もある。

「その器は作家の松原竜馬さんと、ああでもない、こうでもないと相談しながら作ったカレー皿なんです」。店主の北澤庸介さんが、片手でお皿を持ってカレーを勢いよく食べるポーズまで見せてくれた。そんな風にしたらいかにも美味しそうだ。以前ウチでカレー用にとよく使っていた業務用の洋食器は、友人にあげてしまった。シンプルで良かったのだけれど、カレーのときにしか出番がないし、他の器との組みあわせが利かなくて手放したのだ。その後はどんぶりがわりに使っている大鉢か、デッドストックの軍用皿を使っている。実のところ、もう少し大きくて深さはこのくらいでという理想の形がある。でも何とか間にあってしまっているから、ついついその辺がおざなりになっていた。

そこで見せてもらった器は、浅すぎず、深すぎず、サラサラのカレーもジャガイモがごろごろ入ったおうちカレーでも、どちらにもよく似合いそうだ。カレー皿といっても、他にもパスタやワンプレートでおかずをよそうときにもきっと使いやすいだろう。形も頭で考えていたものに近くて、いつか欲しいと、ここのところ気になっている器なのだ。

これまた偶然なのだが、このお店の近くで、知人夫妻がカフェを始めた。居心地が良いところには気持ちの良い人たちが集まってくる。小さな輪は連なってそのうち大きな輪になっていくのだろう。そこには偶然という言葉では済まされない何かがあると思うけれど、いずれにしても素敵なことには違いない。

「sasulai」にて。ライブや企画展など楽しいイベントも行われている。

あとがき

　普段何気なく使っている器について文章を書くことになり、この一年あらためて見慣れた器と向かいあうことになりました。だからといって映画やマンガでもあるまいし、器が何かをペラペラとしゃべってくれるはずもなく、「どうしたものかなあ」と初めの頃は正直、困っていました。

　でも思い入れのある器を意識しながら使っているうちに、それらの器を見つけた場所のことや出会った人たちのことなどが次第に思い出されてきました。買ったばかりの器を初めて使う日にひとりでほくそえんでいたり、何十万円もの買い物をするわけでもないのに真剣に悩んだり……。どこにでもありそうな日常のささいな出来事ばかりです。でも器にまつわるそんなストーリーは、手にした瞬間に終わるのではなく、使いながら日々の暮らしが積み重なって、どんどん膨らんでいくように思うのです。暮らし方によって使い方や使うシーン、ものにまつわるエピソードもさまざまで、人それぞれだからこそおもしろいのではないでしょうか。

器に限らず、暮らしの中には小さなおもしろみがころころと転がっている気がします。けれどあわただしい日々を過ごしていると、つい忙しさにかまけてそんな楽しみも見過ごしてしまいがち。お茶でも飲みながらホッとひと息。たまには立ち止まることも必要かなぁと。そのときの器がお気に入りの器だったら、ほんのわずかな時間でもおだやかな気持ちになれるように思うのですが。

この本をつくるにあたって出会うことができた作家の方、お店の方、関わったすべての方にこの場をお借りしてお礼を申し上げます。ありがとうございました。お会いし、大好きな器についてお話をすることができて本当に嬉しかったです。

澄んだ印象のお人柄そのもののような、素敵なデザインをして下さった大野リサさんにも感謝しております。事務所を訪れるたびに、お迎えお見送りをしてくれた愛犬スタイプくんにはいつも和まされました。原稿を書き終えてほっとしている今の心境は、まるで長距離を走り終えたマラソンランナーのような気分です。その伴走を最初から最後までとことんつきあってくれた、編集者であり友人の田中のり子さん、本当にどうもありがとう。グズグズランナーは田中さんがいなかったらゴールまで完走ができませんでした。そしてアノニマ・スタジオの丹治史彦さん。コーヒーの本でお世話になってからはや三年。また本をつくる機会を与えて下さって、心から感謝しております。新しく立ち上げたアノニマ・スタジオで再びお仕事をご一緒することができて、私はしあわせ者です。

最後になりましたがこの本を読んでくださったみな様へ。本当にありがとうございます。いつか機会があったら、いろんな人のさまざまな器の話を聞いてみたいなと思っています。

二〇〇五年初秋　中川ちえ

岩田圭介（いわた・けいすけ）
福岡県在住。見ていても使っていても飽きない岩田さんの作品は、アートのような道具のような独特の存在感があります。個展がいつも楽しみ。奥さまの岩田美智子さんのアート作品も好きです。
◇作品を取り扱っているお店:「Zakka」

吉村和美（よしむら・かずみ）
茨城県つくば市在住。吉村さんの器は色使いに特徴がありますが、ろくろの確かさも魅力です。作陶の合間の息抜きに「Shingoster LIVING」へコーヒーを飲みにいくことも多いとか。
◇作品を取り扱っているお店:
「CINQ」「Shingoster LIVING」

長谷川奈津（はせがわ・なつ）
神奈川県津久井郡在住。青木亮さんに師事後、独立。電動ではなく、足で回す蹴ろくろを使って器をつくっているそうです。お会いしたことはないのですが、器を使いながらお人柄を想像してしまいます。
◇作品を取り扱っているお店:
「ファーマーズテーブル」「H.works」(042-521-2721)

木下和美（きのした・かずみ）
京都府上賀茂在住。山科（清水団地）と五条坂の陶器まつりに出店されるそう。京都の「吉田屋料理店」では木下さんの器を使った料理を食べることができます。
◇作品を取り扱っているお店:
「うつわ クウ」(0797-38-8339)

井山三希子（いやま・みきこ）
神奈川県津久井郡在住。井山さんの器は型もので、かたち・大きさ・深さが豊富。現代美術のギャラリーにお勤めされていたそうで、暮らし方や個展のお知らせのDMなどにもセンスが感じられます。
◇作品を取り扱っているお店:
「Zakka」「さる山」(03-3401-5935)
「ざっか月草」(0742-47-4460)

伊藤聡信（いとう・あきのぶ）
愛知県常滑市在住。大学でセラミック科を専攻し、卒業後、スペインに半年間在住し作陶されたそう。「魯山」で行われた二人展の際には白磁の他に、印判を使った懐かしい絵柄の染付けの器も。
◇作品を取り扱っているお店:「魯山」

八木由美子（やぎ・ゆみこ）
沖縄県宜野湾市在住。1999年に沖縄へ移住。ホームページは器の紹介のほかに日々のできごとや愛猫の写真、パートナーの中島ロビンさんの作品などを見ることができる楽しい内容になっています。
◇作品を取り扱っているお店:「nagi」（0263-83-4510）
「ことり」（054-635-4111）
「craft shop セラム」（098-876-4330）

吉田次朗（よしだ・じろう）
岐阜県多治見市在住。安藤雅信さんが主宰する多治見の「Studio MAVO」で作陶。個展やグループ展などで発表される、器やアート作品のようなオブジェは点数も多く、見ごたえがあります。
◇作品を取り扱っているお店:
「ギャラリーブリキ星」（03-5938-8106）

堀仁憲（ほり・かずのり）
福井県武生市在住。細かな技法は大学で学んだという東南アジアの古陶磁の影響でしょうか。金沢を訪れたらもう少し足をのばして、いつかそんな話を伺ってみたいと思っているのですが。
◇作品を取り扱っているお店:「うつわ楓」「草so」

額賀章夫（ぬかが・あきお）
茨城県笠間市在住。この本では白磁を紹介しましたが、実は胡麻粉引、錆粉引というオリジナルの粉引や、刷毛目、流し掛けという従来の方法を取り混ぜた器にも額賀さんの特徴があります。
◇作品を取り扱っているお店:「魯山」

大村剛（おおむら・たけし）
岐阜県多治見市在住。岩田圭介さんに師事後、吉田次朗さんと同じく「Studio MAVO」で制作活動をされています。福岡にあるご実家の居酒屋では大村さんの器も使われているそうです。
◇作品を取り扱っているお店:
「草so」「ラ・ロンダジル」（03-3260-6801）

松原竜馬（まつばら・りょうま）
愛知県常滑市在住。九州から移り住んで現在の場所に工房を構えたという松原さんは常滑の土を使った陶器を、パートナーの陶芸家角田淳さんは瀬戸や九州の土を使って磁器を制作されているようです。
◇作品を取り扱っているお店:「sasulai」

CINQ
東京都渋谷区神宮前6-12-15 ハイネスト原宿5F
03-5485-8850

Shingoster LIVING
茨城県つくば市小野崎448-1
029-859-5127

横尾
東京都武蔵野市吉祥寺南町1-11-2 もみじビルB1
0422-42-3870

ファーマーズテーブル
東京都渋谷区神宮前5-11-1
03-5766-5875

Antique Bell
京都市中京区姉小路通御幸町東入ル丸屋町334
075-212-7668

うつわ 楓
東京都港区南青山3-5-5
03-3402-8110

魯山
東京都杉並区西荻北3-45-8 ペルソナーレ西荻1F
03-3399-5036

sora potter's work
http://spw.oops.jp/jp/spwtop.htm

ゆうど
東京都新宿区下落合3-20-21
03-5996-6151

草so
東京都渋谷区渋谷2-3-4 スタービル青山2F
03-5778-6558

アンティーク フェルメール
石川県金沢市新堅町3-102
076-224-0765

きりゅう
石川県金沢市三口新町3-1-1
076-232-1682

collabon
石川県金沢市安江町1-14
076-265-6273

あうん堂本舗
石川県金沢市東山3-11-8
076-251-7335

而今禾
三重県亀山市関町中町596
0595-96-3339

ギャラリー・カフェ夏至上松店
長野市上松3-3-11
026-237-7239

Zakka
東京都渋谷区神宮前6-28-5 宮崎ビル地階
FAX 03-3407-7003

sasulai
東京都文京区千石3-41-13
03-3947-1041

アノニマ・スタジオは、
風や光のささやきに耳をすまし、
暮らしの中の小さな発見を大切にひろい集め、
日々ささやかなよろこびを見つける人と一緒に
本を作ってゆくスタジオです。
遠くに住む友人から届いた手紙のように、
何度も手にとって読みかえしたくなる本、
その本があるだけで、
自分の部屋があたたかく輝いて思えるような本を。

写真　中川ちえ　企画・編集　田中のり子　デザイン　大野リサ
製版ディレクション　金子雅一（凸版印刷）　進行　藤井崇宏（凸版印刷）

器と暮らす

2005年10月17日　初版第1刷発行

著者　中川ちえ
発行人　前田哲次
編集人　丹治史彦
発行所　アノニマ・スタジオ
東京都港区南青山4-27-19-1号室　〒107-0062
電話　03-5778-9234
ファクス　03-5778-6456
http://www.anonima-studio.com
発売元　KTC中央出版
東京都港区南青山6-1-6-201号室　〒107-0062
印刷・製本　凸版印刷株式会社

内容に関するお問い合わせ、ご注文などはすべて
右記アノニマ・スタジオまでおねがいします。
乱丁、落丁本はお取り替えいたします。
定価はカバー表示してあります。
ISBN4-87758-622-9 C0095